KB079993

지금 강조해야 할 것   성적 동의

이 도서의 국립중앙도서관 출판예정도서목록(CIP)은
서지정보유통지원시스템 홈페이지(http://seoji.nl.go.kr)와
국가자료종합목록 구축시스템(http://kolis-net.nl.go.kr)에서
이용하실 수 있습니다. (CIP제어번호 : CIP2019048849)

Sexual Consent by Milena Popova
Copyright © 2019 by Massachusetts Institute of Technology
All rights reserved.
This Korean edition was published by MATI PUBLISHING CO. in 2019 by
arrangement with The MIT Press through KCC(Korea Copyright Center Inc.),
Seoul.

이 책은 (주)한국저작권센터(KCC)를 통한 저작권자와의 독점계약으로 마티에서
출간되었습니다. 저작권법에 의해 한국 내에서 보호를 받는 저작물이므로 무단전
재와 복제를 금합니다.

지금 강조해야 할 것

성적 동의
SEXUAL CONSENT

밀레나 포포바 지음
함현주 옮김

침묵을 깬 모든 이에게
그리고 어떤 이유에서든
그렇게 할 수 없었던 모든 이에게

#미투

들어가며

이 책의 원고를 완성한 직후, 미국 사회는 확실한 성폭력 혐의를 받고 있는 한 남성을 미국 연방대법원 대법관 자리에 앉혔다(브렛 캐버노를 말한다. 2018년 연방대법원 대법관으로 지명된 브렛 캐버노의 인사청문회에서 크리스틴 블래시 포드 팰로앨토 대학교 심리학과 교수가 10대 시절 캐버노에게 성폭력을 당했다는 사실을 증언했고, 이후 두 명의 피해자가 연이어 피해 사실을 폭로했지만 캐버노의 임명 인준이 가결되었다—편집자 주). 이는 현 연방대법원 대법관인 클래런스 토머스가 1991년 인준 당시 애니타 힐(현 오클라호마 대학교 법학 교수)을 성추행한 혐의를 받고도 임명된 사건과 더불어 미국 역사상 두 번째 있는 일이었다. 이들 사건이 전하는 메시지는 분명하다. 타인의 비(非)동의 의사를 무시하고 성폭행한 사실이 남성, 특히 백인 남성이 국가 최고 지위에 오르는 것을 막을 수 없다는 것. 물론 대단히 충격적인 사건은 아니다. 도널드 트럼프는 스스로 성적 포식자임을 떠벌였는데도 결국 대통령으로 선출되었으니 말이다.

이런 지독한 권력 남용을 보고 있노라면 성적 동의에 대한 책이 대체 무슨 소용이 있을지 의문스러워진다. 사실 클래런스 토머스, 브렛 캐버노, 도널드 트럼프처럼 권력을 쥔 남성들이 본인이 성폭행한 여성이 동의하지 않은 상태라는 점을 이해하지 못했을 리 없다. 이들은 단지 애니타 힐 교수, 크리스틴 블래시 포드 교수 그리고 도널드 트럼프가 성기를 움켜쥐었던 알려지지 않은 수많은 여성이 표현했던 모든 거부 의사보다 자신들의 욕구와 권력이 우세하다고 느꼈을 것이다. 상황이 이럴진대 '성적 동의'를 모든 이야기의 출발점으로 삼는 이 책이 어떤 힘이 있을까.

이 책이 동의 그 이상을 다룬다는 점이 대답이 될 수 있을 것이다. 핵심은 권력이다. 토머스, 트럼프, 캐버노 같은 남성이 저지르는 노골적인 권력 남용뿐 아니라 인식과 문화를 통해 일상에 스며들어 강간 문화를 형성하는 힘들 말이다. 강간 문화를 한 꺼풀씩 벗겨내고 이 사회의 권력 구조, 즉 가부장제와 인종차별, 백인 우월주의, 시스젠더 중심주의, 강박적 (이)성애, 장애인 차별, 자본주의를 무너뜨리면 개인의 동의가 실질적으로 중요하게 여겨지는 때가 올 것이다.

미투 운동은 역사상 가장 뚜렷하게 '동의'를 하나의 목표로 삼은 운동이다. 브렛 캐버노의 인준은 아직 갈 길이 멀었음을 새삼 일깨워주었다. 하지만 그래서 더 싸울 가치가 있다는 사실도 깨달았다. 그리고 우리는 싸울 것이다.

감사의 말

많은 친구와 동료의 조언과 도움이 없었다면 이 책은 나올 수 없었을 것이다. 그렇지만 해시태그가 되기 전이든 그 이후든 자신의 미투 이야기를 공유해준 한 명 한 명에게, 그리고 너무 많아 이름을 열거할 수 없지만 내가 수년간 몸담았던 커뮤니티에서 강간 문화와 성폭력, 동의에 대해 열정적으로 의견을 내준 동료들에게 가장 먼저 감사의 마음을 전하고 싶다. 내가 성적 동의를 더 잘 이해하는 데 도움을 주었을 뿐 아니라 연구와 활동에 영감을 준 사람들이고 공간들이다.

더 많은 독자에게 이 책이 다가갈 수 있게 날카로운 논평을 해준 도미니크 데세자르와 찰리 앤 페이지, 폴 웨이디에게 감사한다.

그리고 MIT 출판부 편집팀 맷 브라운과 앤-마리 보노, 교열 담당자 메리 백, 제작을 맡은 프로덕션 에디터 리즈 아그레스터 그리고 도전적인 태도로 원고를 검토해준 익명의 담당자들에게 감사한다.

내가 생각나는 대로 편하게 이야기할 수 있도록 허락해준 애나 제이 클러터벅-쿡, 나의 정신적 지주이자 동료로서 많은 자극이 되는 재키 바커 박사, 유용한 조언을 많이 해준 데비 왓

킨스에게도 고마움을 전한다.

끝으로 이 책을 믿어주고 내가 하는 활동에 집중할 수 있도록 재정 지원을 아끼지 않은 패트리온 후원자들에게 깊은 감사의 마음을 전한다.

1장

성적 동의를 말해야 하는 이유

"나도 겪었다"

'미 투'(me too). 이 간단한 두 글자에 해시태그가 붙었다. 2017년 후반부터 2018년 초반의 상황을 조금만 살펴보면 이 간단한 말이 성희롱, 성추행, 강간은 물론 가정 폭력이나 스토킹에 이르기까지 우리 사회에 만연한 성폭력을 드러내는 말임을 알 수 있다. 당사자가 아니어도 성폭력 피해자를 여럿 알게 되는 것이 지금의 현실이다. 사회 구석구석에 퍼져 있는 성폭력은 모두의 문제다. 영국의 2001년 범죄 조사에 따르면, 여성의 45퍼센트, 남성의 26퍼센트가 16세부터 평생 최소 한 번은 가정 폭력과 성적 괴롭힘, 스토킹을 경험한다.[1] 그러나 이 수치는 유년기의 성적 학대와 괴롭힘에 대해서는 말해주는 바가 없다.

하지만 2017년 가을이 오기 전까지 이런 사실을 잘 몰랐던 사람도 많았을 것이다. 성폭력 피해자들은 폭력을 당한 쪽인데도 손가락질받았고, 가해자들은 폭력에 대한 책임 추궁을 거의 받지 않았으니까. 실제로 지난 몇 년 동안 신고된 강간 사건 가해자에게 유죄가 선고된 비율은 5~10퍼센트를 맴돈다.[2] 게다가 강간은 물론이고 몸 더듬기, 성기 노출, 캣콜링, 직장 내 성추행 같은 성폭력 피해 대부분이 신고조차 되지 않는다. 피해자가 경찰에 신고한다 해도 형사사법 제도가 피해자 구제 및 정의 실현에 필요한 역할을 제대로 하지 못할 뿐 아니라, 조사[3] 및 재판 과정에서 2차 피해가 발생하는 경우가 허다하다. 페미니스트 법 강간은 물론이고 몸 더듬기, 성기 노출, 캣콜링, 직장 내 성추행 같은 성폭력 피해 대부분이 신고조차 되지 않는다. 피해자가 경찰에 신고해도 형사사법 제도가 피해자 구제 및 정의 실현에 필요한 역할을 제대로 하지 못할 뿐 아니라, 조사 및 재판 과정에서 2차 피해가 발생하는 경우가 허다하다. 페미니스트 법학자들은 이를 '사법 강간'이라고 칭한다.

학자들은 이를 '사법 강간'이라고 칭한다.⁴

학자들은 이를 '사법 강간'이라고 칭한다.[4]

강간 문화 속에서 산다는 것

성폭력의 일상화 그리고 피해자와 가해자를 대하는 이 사회의 모순적인 태도를 이야기하면서 '강간 문화'를 빼놓고 말할 수는 없다. 강간 문화는 가해자가 성폭력을 저지르기는 쉽고, 피해자가 피해 사실을 알리고 그에 맞는 지원을 받는 것은 어렵게 만드는 사고방식과 관습, 사회 구조의 총체다. 여기에는 젠더와 섹슈얼리티에 대한 고정관념이 포함된다(성적으로 남성은 적극적이고 여성은 소극적이라고 여기며, 이에 어긋나는 여성은 '음탕하다'라고 낙인찍는 사회 분위기 등). 또 강간으로 판단되는 상황과 '진짜' 강간 피해자라면 응당 어떤 행동을 보이리라고 단정 짓는 것도 강간 문화의 일면이다(육체적 폭력이 수반된 경우에만 '진짜' 강간이라는 인식, '진짜' 피해자라면 사건을 즉시 신고할 것이고 정신적 외상이 심하겠으나 지나치게 히스테리를 부리지는 않으리라는 인식). 강간범은 어두운 골목에서 튀어나온 괴물이며, 남자친구나 아버지, 대학생이나 정치인은 아닐 것이라는 생각 또한 강간 문화의 일부다.

사람들은 피해 여성이 무엇을 입고 있었는지, 술에 취했었는지, 가해자를 유혹한 것은 아닌지 궁금해하면서 가해자의 행동을 피해자 탓으로 돌릴 '건수'를 찾는다. 또 강간 피해자는 여성이고 가해자는 남성이라고 단정함으로써, 여성이 성폭력 가해자일 수 있고, 같은 젠더 사이에서도 성폭력이 발생하며, 남성이나 논바이너리(non-binary. 남성 또는 여성이라는 이분법에서 벗어난 성별 — 옮긴이)가 피해자가 될 수 있다는 사실을 무시한다. 그리고 '진짜 강간은 아니다'(not rape rape. 할리우드 배우 우피 골드버그가 영화감독 로만 폴란스키의 강간죄에 대해 언급할 때 사용한 말 — 옮긴이)라고 수군거리며 '진짜 강간'을 구별해 이야기한다. 그리고 강간 혐의로 '경력에 흠집이 난' 남성들(클래런스 토머스와 브렛 캐버노가 여기 속할 텐데, 어쨌든 이 두 사람은 앞으로 수십 년간 미국의 법에 영향력을 행사할 것이다)을 강간 피해자(애니타 힐 교수와 크리스틴 블래시 포드 교수의 경우 법정 증언 과정에서 굴욕적인 질문 공세와 조롱을 받았다)보다 더 동정한다.[5] 무엇보다 사람들은 피해자의 말을 불신한다. 돈이나 명예를 노리고, 혹은 복수를 위해 '꾸민 짓'이라고 모함한다. 이 모든 것이 쌓여 강간 문화를 완성한다.

피해자를 침묵시키는 사회적 낙인과 무능한 사법 시스템 탓에 성폭력 문제의 심각성과 개인이 짊어져야 했던 부분은 지금까지 제대로 드러나지 않았다. 하지만 성폭력 생존자들과 페미니스트 활동가들이 십수 년간 반(反)성폭력 의제를 끌고 오며 변화의 움직임이 일기 시작했고, 유명인(줄리언 어산지, 도미니크 스트로스칸, 빌 코스비 등)이 성폭행 가해자인 사건들이 이목을 끌었다. 그리고 2017년 할리우드 프로듀서 하비 와인스틴의 성폭행 및 성추행에 대한 폭로가 쇄도하면서 더 이상 막을 수 없는 흐름이 생겨났다. 이후 수많은 권력형 성폭력 사건이 줄지어 고발되었다. 성적 관계에서 동의가 중요하다는 점은, 권력 남용을 고발하고 피해자와 생존자에 대한 지지를 요구하는 미투 운동의 핵심 메시지가 되었다.

성관계할 때마다 계약서라도 써야 하나요?

미투 운동은 성적 접촉과 동의에 관한 몇 가지 중요한 지침을 제시한다. 우선, 섹스를 제안하고 싶은 사람에게, 그리고 한창 섹스를 하는 중이더라도 그 상대방에게 정말로 (계속하길) 원하는지 분명히 확인할 것, 명백히 관심 없어 보이는 상대방을 괴롭히지 말 것, 자기 몸에 손대는 것을 원치 않는 사람에게는 절대로 손대지 말 것, 내가 원하는 것이 무엇이든 상대방도 그것을 원하는지 확인할 것, 권력을 행사할 수 있는 지위를 이용해 상대방에게 동의를 강요하지 말 것 등이다. 이런 지침에 대한 백래시(backlash)도 존재한다. 소셜 미디어에는 '뭐야, 이제 여자한테 관심도 보이면 안 되는 건가?', '성관계할 때마다 계약서라도 써야 하나요?' 따위의 질문이 넘쳐난다. 이 또한 강간 문화의 다른 섹스를 제안하고 싶은 사람에게, 그리고 한창 섹스를 하는 중이더라도 그 상대방에게 정말로 (계속하길) 원하는지 분명히 확인할 것, 명백히 관심 없어 보이는 상대방을 괴롭히지 말 것, 자기 몸에 손대는 것을 원치 않는 사람에게는 절대로 손대지 말 것, 내가 원하는 것이 무엇이든 상대방도 그것을 원하는지 확인할 것, 권력을 행사할 수 있는 지위를 이용해 상대방에게 동의를 강요하지 말 것.

표현이다.

성적 동의에 대한 다양한 페미니즘 이론을 통해 현실의 이 같은 간극을 설명하는 것이 이 책의 목표 가운데 하나다. 부득이하게 우리가 흔히 '서구'(북아메리카, 서유럽, 그리고 비중은 적지만 오스트레일리아와 뉴질랜드까지)라고 칭하는 지역을 중심으로 살펴보되, 다양한 관점과 경험, 지식을 고루 담으려고 노력했다.

성폭력이 얼마나 만연한지 말고도, 미투 운동을 통해 알게 된 것이 하나 있다면 논쟁의 여지 없는 명백한 성적 동의 이론은 없다는 것이다. 그래서 이 책에서는 동의에 대한 인식이 발전해온 과정과 동의 협상(negotiating consent)의 실질적 측면 그리고 권력의 문제를 폭넓게 살펴보고자 한다. 또한 대중문화의 영향과 동의에 관한 지식이 어떻게 형성되고 누가 이를 생산하는지 탐색하고, 앞으로 나아갈 방향 또한 그려보고자 한다. 이 책은 동의에 대한 페미니즘 사상과 현재의 논쟁을 이해하는 데 도움이 될 기본적인 지식을 제공할 뿐, 섹스 어드바이스나 법률적 조언은 담겨 있지 않다. 하지만 동의에 대해 더 잘 알고 실천하고자 하는 독자라면 유용한 이야기를 들을 수 있을 것이다.

동의의 급진적 잠재력

페미니즘 일각에서는 동의 개념을 완전히 폐기하거나 적어도 넘어서야 한다고 주장한다. 왜냐하면 동의 개념은 어느 한쪽(이성애자 사이에서는 보통 남성)이 성관계를 시작하면 다른 한쪽(보통 여성)은 받아들이거나 거부하는 역할에 고정되는 상황을 전제하기 때문이다. 이를 끝까지 밀어붙이면, 동의 개념은 남성이 한 행동의 책임을 여성에게 떠넘기는 강간 문화 최악의 일면을 재생산하고, 섹슈얼리티가 동등한 인간 사이의 상호성과 존중을 바탕으로 한다는 관점을 거부하는 셈이 된다. 심지어 협박으로 동의를 얻어낸 경우, 저항하지 않은 것을 동의로 간주하는 경우, 이유가 무엇이든 간에 싫다고 말하는 것이 불가능한 경우에조차 "그녀가 동의했다"라고 하면 학대와 폭력을 은폐할 수 있는 도구를 동의 개념이 제공한다고까지 할 수 있다.[6] 이것이 바로 성적 접촉에서 이성애 중심적 성 역할과 누가 무엇을 할지에 대한 선입견이 문제가 되는 이유다.

그런데 왜 동의에 관해 쓰는가. 동의라는 개념이 생각처럼 그렇게 간단하지가 않아서다. 페미니즘 사상 내에서도 동의의 개념, 정의, 어원에 대한 여러 견해가 경쟁하고 있다. 중요한 것은 다양한 이론과 개념의 존재를 인정하고, 그 안에서 성폭력과 맞서기 위해 필요한 것들을 찾아 이해하는 것이다.

또한 성폭력에 대한 논의를 완전히 새롭게 구성하는 것보다 동의에 초점을 맞추는 편이 좀 더 현실적이다. 동의는 논쟁의 여지가 있고 잘못 이해하기 쉽지만, 그래도 현시점에 꽤 잘 알려진 개념이다. 그리고 미투 운동의 여파로 중요성이 부각되면서 동의에 대한 논의가 활발해지고 있고, 방대한 페미니즘 문헌이 이를 뒷받침해주고 있다. 이제 동의는 성적 행동에 앞서(또는 와중에) 주고받는 실천 양식으로서, 그리고 성폭력을 조장하고 허용하는 모든 방식을 파헤쳐볼 수 있는 도구로서 유용한 개념으로 자리 잡았다.

점점 발전하고 있는 이론들은 동의의 급진적 잠재력을 보여준다. 1980년대에 페미니스트 캐럴 페이트먼은 동의 이론가들이 (정치적 의미와 성적 의미 모두에서) 드러날 동의 개념의 급진적 영향력을 가리는 데 급급하다고 일갈했다.[7] 그런데 동의에 대해 깊이 생각하면 할수록 딱 부러지게 답하기 어려운 지점들이 생긴다. '싫다'라고 말하지 않으면 동의한 것일까? 협박이나 애원, 괴롭힘을 통해서 얻어낸 '좋다'라는 대답을 동의라고 볼 수 있을까? 무슨 이유에서든 '싫다'고 말하기 어려운 상황에서 한 '좋다'는 또 어떨까? '싫다'고 말해도 되는지 모르고 '좋다'고 대답했다면? 당연히 **원해야** 하고, 당연히 좋다고 **말해야만** 한다고 생각해서, 또는 다른 사람들이 그렇게 하기 때문에 한 '좋다'라는 대답은 어떨까?

동의가 특정 상황에서 발생하는 개인 간의 일이라는 생각에서 벗어나 사회 구조, 문화, 복잡한 권력 작용이 얽힌 개념이자 실천으로 이해하기 시작하는 순간, 동의 개념의 급진성이 명확해진다.

동의가 특정 상황에서 발생하는 개인 간의 일이라는 생각
에서 벗어나 사회 구조, 문화, 복잡한 권력 작용이 얽힌 개념이
자 실천으로 이해하기 시작하는 순간, 동의 개념의 급진성이 명
확해진다. 그리고 이를 깨달으면 단순히 누가 좋다고 말했고 누
가 싫다고 말했나 하는 것보다 훨씬 더 중요한 질문을 찾아 나
아갈 수 있다. 또한 가능한 선택지들, 내가 보는 나의 모습과 타
인이 보는 나의 모습, 그리고 개인의 욕구에까지 영향을 미치는
사회·문화적 권력의 실체를 들여다볼 수 있게 된다. 그리고 동
의가 자발적으로 이루어지고 존중받기 위한 환경은 어떠해야
하는지 고민하게 될 것이다. 그렇게 우리는 동의 문화를 지지하
고 강간 문화를 해체하기 위한 출발점에 선다.

2장

동의론 입문

제1 원칙, 신체적 자율권

성폭력과 성적 동의에 대한 논의는 보통 법에 의존한다. 서구 대다수 국가의 사법 체계에서는 성폭력을 섹슈얼리티와 관련된 복잡하고 인간적인 문제로 보지 않고, 단순히 재산법에 근거해 다루곤 한다. 법은 강간과 동의가 무엇인지 정의하며, 이것은 사람들의 태도와 행동에 반영되고 얼마간은 우리 행동을 **구성한**다. 즉, 법은 우리가 섹슈얼리티를 표현하고 사고하는 방식을 결정한다.

이 장에서는 동의에 대한 다양한 접근법을 알아보고 강간 문화와 법이 성적 동의 개념에 어떤 영향을 주는지 살펴볼 것이다. 본격적으로 논하기 전에, 페미니즘이 성적 동의를 고민할 때 가장 중요시하는 '신체적 자율권' 개념을 먼저 짚고 넘어갈 필요가 있다.

신체적 자율권이란 내가 하는 행동, 내 몸에 일어날 일, 내 몸과 접촉할 수 있는 사람 그리고 그 접촉을 어떤 식으로 허락할지를 내가 결정할 수 있는 권리다. 그리고 결정을 내리는 과정에 외부의 압력이나 강제, 어떠한 권력 행사도 없어야 한다. 일상생활(무엇을 입을지, 무엇을 먹을지, 언제부터 얼마나 잠을 잘지 스스로 결정한다), 치료(원치 않는 의료 행위를 강요받아서는 안 된다), 재생산권(원치 않는 임신 유지나 불임 시술을 강요받아서는 안 된다), 그리고 죽음(장기 기증 등 사후에 내 몸에 일어날 일에 대한 결정도 강요받아서는 안 된다)에 이르기까지 누구나 신체적 자율권을 행사할 수 있어야 한다. 하지만 신체적 자율권을 인정한 사법 사례는 찾아보기 어렵다. 아일랜드, 영국, 미국, 캐나다의 법정에서 이를 인정하거나 시사한 사례가 간혹 보이지만, 이들 나라에서도 법과 관습의 범위 안에서 선택적으로 적용될 뿐이다.

성적 동의 개념의 간략한 역사

신체적 자율권과 같은 수준 높은 원칙을 일상생활에 적용하는 것은 그리 간단치 않다. 그래서 성적 동의 개념도 상당히 치열한 논쟁을 거치며 발전해왔고, 그 흐름이 단선적이지도 않다. 서로 경쟁하는 이론들이 1960~70년대 페미니즘 운동 이후로 공존하며 공진화해왔다고 보는 편이 옳을 것이다.

이 이론들을 크게 네 가지, 즉 래디컬 페미니즘, '노 민스 노'(no means no), '예스 민스 예스'(yes means yes), 그리고 최근에 등장한 '성 비평'(sex-critical) 접근법으로 구분해 살펴볼 수 있다.

래디컬 페미니즘

1960년대 후반에 등장해 1980년대 중반에 상당한 영향력을 미친 래디컬 페미니즘은 사회의 권력 구조와 이를 근거로 행해지는 여성에 대한 억압에 문제를 제기했다. 섹슈얼리티와 관련해서는 성과 폭력, 성행위와 성폭행이 사실상 서로 구별하기 어려울 정도로 (법적으로나 사회적으로) 매우 밀접하게 얽혀 있다고 주장했다. 이는 '예스' 또는 '노'라고 말할 수 있는 권력이 당사자 모두에게 똑같이 쥐어져 있다면 애당초 '동의 협상'이 필요 없으리라는 판단과 연결된다. 하지만 여성은 남성의 성욕을 충족시키는 존재라고 스스로 생각하도록 교육받아왔으며, 강간을 규정하는 법에는 남성 섹슈얼리티의 일반적 특징으로 여겨지는 폭력과 강압을 위한 자리가 버젓이 존재한다. 이처럼 불공평한 법적, 사회적 환경에서는 여성의 동의가 진심인지, 자유의지에 의한 것인지, 강요받지 않은 것인지 구별할 수 없어지고, 결국 동의라는 말 자체가 무의미해진다.[1]

'노 민스 노' 접근법

'노 민스 노' 접근법은 1980년대 후반과 1990년대의 반(反)성폭력 운동을 통해 '아는 사람에 의한 강간' 또는 '데이트 강간'(서로 아는 사이 또는 연인 사이에서 발생하는 원하지도 동의하지도 않은 성적 접촉)에 대한 인식이 커지면서 촉발되었다. '노 민스 노' 접근법은 남성은 여성의 비(非)동의 표현에 귀 기울이고 존중해야 하며, 여성이 마음을 바꾸길 바라면서 계속 압박해서는 안 된다고 강조한다. 그리고 동의 여부가 아닌 신체적 폭력이나 위협을 강간 성립 요건으로 규정한 법에 이의를 제기하는 법률 개혁 운동에 이론적 틀을 제공한다.

래디컬 페미니즘과 '노 민스 노' 접근법의 결정적 차이는, '노 민스 노'가 억압 구조보다는 개인의 의사와 '동의 협상'에 중점을 둔다는 데 있다. '노 민스 노'는 여성이 성관계를 원치 않을 때 '싫다'라고 말해도 남성이 이를 무시한 채 어떻게든 성관계를 하려고 계속해서 압박하고 들볶고 위협하며 심지어 폭력을 쓰는 현실을 전제로 한다. 그러나 '노 민스 노' 접근법은 '싫어'라는 의사 표현은 없었지만 그렇다고 동의를 얻은 것도 아닌 수많은 상황에 적용할 수 없다는 한계가 있다. 가령, 충분히 싫다는 의사를 표시하고 동의의 수준을 협상할 수 있는 사람이지만 술을 마셨거나 잠든 상태여서 그럴 수 없는 상황 말이다. 어떤 분야의 권위자 또는 지휘권자가 아랫사람에게 성관계를 요구할 때처럼 권력의 차이 때문에 거절할 수 없는 경우도 마찬가지다.

페미니스트들은 이성애자 사이의 성관계가 동의 여부를 물을 이유가 없는 '계약된' 동의 상황을 설정해두고 작동하는 현실을 간파하고 '노 민스 노' 접근법에서 한 걸음 더 나아갔다. 예컨대 짧은 치마를 입거나 남성이 건네는 술을 마시면(이런 행동이 성과 전혀 무관한 것임에도) 그 여성은 남성과 성관계를, 특히 음경과 질이 결합하는 섹스를 위한 '계약'을 이미 체결한 것으로 보는 현실을 말한다. 이 '계약'은 성과 관련된 우리의 말과 생각에, 그리고 법의 해석에 반영되어 있다. 실제로 많은 사람이 특정 스타일의 옷을 입거나, 다른 사람의 관심을 끄는 행동을 하거나, 남성들 틈에서 술을 마시는 여성은 성관계를 **원하며** 성관계에 **동의한** 것으로 지레짐작한다. 성관계나 성적 동의와는 아무 관련이 없는 행동을 동의의 표현으로 해석하는 것이다.[2]

'예스 민스 예스' 접근법

성적 동의에 대한 '예스 민스 예스' 접근법(이른바 '적극적 동의' 또는 '명시적 동의')은 래디컬 페미니즘 접근법에 대한 대응이자 '노 민스 노' 접근법의 결함을 보완하는 대안으로 등장했다. 명확하고 분명한 '동의'(yes)를 강조하는 '예스 민스 예스' 접근법에 따르면, 명백한 '거부 의사'(no)를 존중해야 하며 상대방이 진심으로 또 적극적으로 성관계를 원하는지, 그리고 스스로 원한다고 말할 수 있는 상태인지 확인해야 한다. 최근 잉글랜드 웨일스 기소청은 이 접근법을 채택해 성폭행 사건 기소 지침서를 만들기도 했다. 지침서는 상대방이 싫다고 말하지 않아서 또는 성관계와 상관없는 행동에서 짐작된 바를 동의로 해석한 피고의 입장보다는 피고가 어떻게 상대방의 동의를 보장했는지를 집중적으로 검토하는 것을 원칙으로 삼아야 한다고 적시하고 있다.

'예스 민스 예스' 룰은 '성 긍정주의' 접근법이기도 하다. 성 긍정주의 페미니즘은 성생활은 본래 모두가 누리는 즐거운 일이라는 사실을 부각한다. 이는 섹슈얼리티와 성폭력 둘 다에 암울한 관점을 견지하는 래디컬 페미니즘과 다른 점이다. 성 긍정주의는 적극적이고 분명한 동의를 강조하고 동의 협상에서 여성의 자발적 의지가 중요하다고 역설한다.[3]

'예스 민스 예스' 룰과 '노 민스 노' 룰은 둘 다 성적 동의 협상에서 개인의 의지가 굉장히 중요하다고 강조한다. 두 접근법의 핵심 전제는 우리 모두는 타인의 힘에 영향을 받지 않고 각자 의지대로 행동할 수 있으며, 자신의 욕구를 잘 인지하여 분명하게 표현하고, 타인에게 자기 생각을 설명할 수도, 또 반대로 타인의 말을 이해할 수도 있는 자유로운 인간이라는 것이다. 그러므로 상대방과 협상을 통해 상호 동의도 이끌어낼 수 있다. 여기엔 지난 40년간 서구 문화권을 지배한 신자유주의 사상이 반영되어 있다. 신자유주의는 개인을 사회 구조나 권력 관계로부터 자유로운, 제약 없는 자유의지를 지닌 합리적 존재라고 가정한다. 이러한 '신자유주의적 주체'(신자유주의적 이상에 부합하거나 이를 내면화한 인간)는 자신의 행동에 책임을 지고 언제나 더 나은 것을 추구하며 다양한 행동방침을 결정하는 데 있어 무한한 자유와 선택권을 갖는다.

하지만 성적 동의 협상은 '노 민스 노'와 '예스 민스 예스'로 설명할 수 없는 경우가 많다. 피해 당사자에게는 강간이 분명하지만, 법적으로든 '예스 민스 예스' 룰이나 '노 민스 노' 룰에 의해서든 강간으로 분류되지 않는 수많은 문제가 존재할 수 있기 때문이다. 가령, 다음과 같은 질문에 '예스 민스 예스' 룰과 '노 민스 노' 룰이 무엇을 말해줄 수 있을까. 성관계에 동의하거나 성관계를 하기로 결심하기까지 우리의 신념은 어떤 식으로 영향을 미칠까? 성관계에 관한 선택들과 관련해 '여성적' 또는 '여성'이 지니는 의미는 무엇일까? '남성적' 또는 '남성'은? 순결이나 결혼에 대한 생각이 성적이고 로맨틱한 관계에 미치는 영향은? 성관계를 무엇이라 정의할지, 누구와 섹스해야 하는지, '적당한' 횟수는 어느 정도인지에 대해서는? 우리의 선택과 행동을 좌우하는 섹슈얼리티에 대한 구조적이고 지배적인 생각들을 간과해서는 안 되는 이유다.

성 비평 접근법

최근 래디컬 페미니즘이 제기했던 문제, 즉 성적 동의 협상에 내재한 구조적인 힘의 불균형을 재탐색하는 흐름이 등장했다. 이는 '성 비평'(sex-critical) 접근법으로 이어져 여러 갈래로 발전하기 시작했다.[4] 래디컬 페미니즘처럼 성 비평도 동의 협상에서 나타나는 권력의 문제에 주목한다. 성 비평 페미니즘에서 말하는 권력이란, 위에서 아래로만 작용하는 단선적인 힘이 아니라 여러 방향에서 동시에 압박하는 힘들의 상호 작용이다. 성 비평 접근법은 법체계보다 문화(대중문화와 일상의 관습 모두)에 집중한다. 성폭력이 자라는 토양을 제공하거나 반대로 성폭력에 대항하는 토대를 다지는 핵심 역할을 문화가 한다고 보기 때문이다.

성 비평적 접근이 지적하는 문화적 요소 가운데 하나가 앞서 말한 '계약' 모형이다. 짧은 치마, 음주, 성관계가 일직선으로 연결되는 이러한 사고는 마치 각본(쉽게 따라 할 수 있는 행동을 순차적으로 설정한 것) 같다. 아마 이보다 더 확실하게 각인된 각본은 없을 것이다. 한마디로 한 사회의 지배적 문화가 성관계란 무엇이며(남녀 성기의 결합), 성관계를 하는 당사자는 누구인지(정확하게 비장애인 시스젠더 남성 한 명과 비장애인 시스젠더 여성 한 명), 동의를 얻어야 하는 행동(성관계)이 무엇이고 동의로 읽히거나 간주되는 행동은 무엇인지(성관계로 직행하는 각본)에 대한 우리의 생각을 결정짓는다.

성 비평 접근법은 문화와 지배적 사고가 개인의 생각과 행동을 형성하고 신체적 자율권을 제한하는 요인이라고 본다. 그리고 성관계에 대해 **자유롭게** '싫다'라고 말할 수 있는 조건이 무엇인지 묻고 탐색한다. 자유롭게 '싫다'라고 말할 수 있는 조건에서야 비로소 '좋다'라는 말도 의미가 있기 때문이다.

강간 문화와 강간 신화

성 비평 페미니즘에서 신체적 자율권 행사 의지와 가능성을 제한하는 요인으로 지적하는 사회적 관습과 신념들이 바로 '강간 문화'의 일부다. 강간 문화는 젠더, 섹슈얼리티, 성에 대한 태도들, 이를테면, 성관계를 거부하기가 허락하는 것보다 어렵고, 아무 상관없는 행동을 동의로 간주하며, 불확실한 정황에서는 예외 없이 가해자 편을 드는(절대 피해자를 지지하지는 않는다) 등의 태도들로 구성된다. 젠더뿐 아니라 인종, 성적 지향, 나이, 장애 등 차이를 권력의 도구로 삼아 특정 집단을 주변화하고 성폭력에 더 취약하게 만드는 것 또한 강간 문화의 일면이다.

강간 문화를 공고하게 만드는 것은 바로 강간 신화다. 강간 신화라 함은, 강간을 저지르는 부류, 피해자, '강간이라고까지' 말할 수 있는 상황, 피해자의 외양과 피해 이후 행동, 강간을 막을 책임이 누구에게 있는지에 대한 고정된 생각들을 모두 일컫는다. 이것들이 어떻게 우리 문화와 법체계에 스며들어 강간 문화를 재생산하고 개인이 자유롭게 동의를 협상할 가능성을 제약하는지 이해하려면 좀 더 자세히 들여다볼 필요가 있다.

젠더뿐 아니라 인종, 성적 지향, 나이, 장애 등 무수한
차이를 권력의 도구로 삼아 특정 집단을 주변화하고
성폭력에 더 취약하게 만다는 것 또한 강간 문화의
일면이다.

강간범은 괴물이다?

우선, 강간범이란 어두운 골목에서 흉기를 들고 튀어나온 낯선 사람이라는 생각을 살펴보자. 이 고정관념은 강간을 아주 특별한 사건처럼 보이게 한다. 그런데 실제 성폭력 가해자 대부분은 피해자가 잘 아는 사람(지인, 가족, 동료, 파트너, 남편)이다. 강간은 아주 일상적인 상황에서 개인적인 관계 사이에 발생하는 범죄인 것이다. 강간범 신화는 사법 제도에도 그대로 반영되어 있다. 재판에 가해자 측 증인이 출석해 가해자의 성격과 인품에 관해 증언하는 관행이 계속되고 있으며, 이 때문에 피해자가 공정한 재판을 받을 권리가 축소된다.

강간은 언제나 신체적 폭력을 수반한다는 인식 또한 신화다. 이런 생각은 다른 신체적 폭력이 있었는지 여부로 성적 폭력을 판단하도록 하기 때문에 피해자에게 눈에 보이는 부상이 없으면 강간이든 성폭력이든, 경계 침범(boundary violation)이든 동의 위반이든 전부 기각된다. 강간은 오직 한 가지 유형으로 존재하며 한눈에 강간임을 분명히 알 수 있다고 암시됨으로써 성적 동의라는 중요하고 복잡한 문제는 차치된다.

강간범은 낯선 사람이라는 신화가 피해자와 가해자의 관계 및 정황을 근거로 강간을 판단하게 한다면, 성폭행엔 신체적 폭력이 반드시 수반될 수밖에 없다는 신화는 피해자의 부상 정도로 강간 여부를 결정하도록 만든다. 동의 여부는 사안에서 아예 삭제된다.

여성의 '노'는 '예스'다?

여성은 겉으론 늘 성관계를 거부하는 척하지만 속으론 원한다는 것도 근거 없는 믿음에 불과하다. 이는 여성이 **극도로 저항**하지(비명을 지르고, 발로 차고, 몸싸움을 벌이고, 도망치려고 하고, 이 과정에서 부상을 입지) 않았다면 성관계에 동의했다고 보는 신화와 함께 작동한다. 여성의 동의, 비동의 표현은 모호하고 신뢰할 수 없다고 보는 것이다. 이는 첫 번째(아니 두 번, 세 번 거듭되는) 거부 의사를 무시하고 원하는 바를 취할 때까지 계속 밀어붙이고 경계를 침범해도 된다고 강간범에게 허가해주는 셈이다. 이런 신화들이 강간 사건 고발을 묵살하고 충분히 저항하지 않았다는 이유로 피해자를 비난하는 사회를 만든다.

강간 '신화'는 말 그대로 현실을 전혀 반영하지 못한다. 잘 알고 신뢰하는 사람에게 폭행을 당하면 누구나 두려움에 얼어붙게 마련이며, 강간범에게 저항하면 훨씬 더 심각한 부상을 입을 수 있는 것이 현실이다. 그리고 강간범들은 물리적 폭력보다는 협박과 교묘한 속임수를 사용한다.

한편, 여성이 노출이 '심한' 옷을 입고 자기 자신을 보호하지 못할 만큼 술을 마시거나 밤늦게 혼자 다니는 것은 강간을 유발하는 행동이며, 이 때문에 남성은 자신을 통제할 수 없게 되다는 고정관념도 강간 신화의 대표적인 예다. 또 여성의 음주는 비난의 이유가 되고, 남성의 음주는 자기 행동에 대한 핑계가 된다. 이로써 강간의 책임이 가해자에게서 피해자에게로 옮겨 간다. 잠재적 가해자에게 '강간하지 말라'고 말하는 것이 아니라 잠재적 피해자에게 '강간당하지 말라'고 말하는 형국이다. 이는 공공장소를 자유롭게 다닐 권리, 입고 싶은 옷을 입을 기본적 권리를 제한한다. 이런 신화들은 성적인 것과는 전혀 상관없는 상황에서 여성의 행동으로 동의를 추정할 수 있다는 잘못된 생각을 양산한다.

성 노동자는 성관계를 거절할 수 없다?

강간 문화가 모두에게 균질한 영향을 미치는 것도 아니다. 성폭력에 더 취약한 집단이 분명 있다. 예를 들어, 성 노동자는 (그들의 일 자체가 성관계에 동의하지 않을 권리의 포기를 의미한다 하여) 강간 피해자가 될 수 없다는 신화가 있다. 이것은 틀린 생각이다. 성 노동자도 다른 사람들과 똑같이 신체적 자율권을 가진다. 형사 사법 체계와 관련 지원 서비스, 사회 전반적 인식에 뿌리내린 이 같은 편견 때문에 성 노동자는 성폭력 피해 위험에 더 쉽게 노출된다.

특정 집단을 소외시키는 인종화(피부색이나 혈통을 근거로 타자화하는 것)도 강간 문화에 상당히 기여한다. 예컨대, 미국 문화에서 강간은 보통 흑인 남성이 백인 여성을 대상으로 저지르는 범죄라는 인식이 오랜 기간 만연해 있었다.[5] 이는 백인 남성이 흑인 여성 노예와 여성 토착민을 강간했던 역사를 지우고 수정하려는 의도적 노력의 결과로 볼 수 있는데, 이런 아픈 역사는 지금까지도 흑인 여성과 토착민 여성을 심각하게 억압하고 있다. 실제로 미국 내 흑인 여성과 토착민 여성이 성폭력을 당하는 비율이 백인 여성보다 훨씬 높다. 게다가 흑인 여성이나 토착민 여성이 성폭력 피해를 신고해도 수사관이나 검사가 피해 여성들의 증언을 귀 기울여 듣지 않을뿐더러 불신하여 사건을 추가 조사하지 않는다. 유색인 여성을 성폭력에 취약하게 만드는 편견은 이 밖에도 많다.[6]

강간 신화는 일상과 대중문화 어디에나 숨어 있다. 강간 신화는 성폭력의 책임을 가해자가 아닌 피해자에게 묻고 피해자를 비난하도록 몰아가며, 개개인이 성폭력과 피해 당사자를 대하는 태도(친구가 성폭력을 당했다고 털어놨을 때 당신은 어떤 반응을 보였나[또는 보일 것인가])와 사법 제도가 취하는 관점에 지대한 영향을 미친다.

성적 동의와 법의 한계

법(입법부터 집행까지)은 동의에 대한 사회적 인식을 형성하고, 그 결과 개인의 행동에 영향을 미친다. 중요한 것은 법이 동의에 대해 무엇을 말해야 하는지와 실제로 법의 개입이 요구될 때 어떻게 집행되느냐이다.

법은 개인의 삶을 통제하는 지극히 논리적이고 일관적인 원칙들의 총체라고들 생각한다. 하지만 정말 그러한가. 법은 세월이 흐르면 조금씩 바뀌며 법정에서 수없이 재해석된다. 입법 과정에서 타협은 당연하고, 그래서 모순이 생기기도 한다. 예를 들어 혼인법은 성관계(남녀 성기 결합)를 결혼의 필수 요소로 여기고 부부 성관계의 중요한 목표는 출산이라고 본다. 이것이 잉글랜드 웨일스 법에서 남녀 혼인 관계에 성관계 요건이 있는 이유이고, 역사적으로 부부간 강간이 범죄로 여겨지지 않은 이유이기도 하다. 가장 최근에 부부간 강간을 인정한 사례에서조차 혼인의 성관계 요건은 적용되었다. 혼인 관계에 있는 남녀 사이에서는 동의와 상관없이 최소 한 차례 이상의 성교가 기본 요건인 것이다.

법적으로 보면, 성범죄는 보통 재산법(타인이 내 재산[성범죄의 경우 신체]을 사용하지 못하게 할 권리)이나 공중 도덕률(특정 성적 행동은 사회적으로 부적절하기 때문에 금지해야 한다는 생각)과 관련이 있다. 페미니스트와 동성애자 들이 주도한

복잡다단한 섹슈얼리티 경험을 녹여내거나 사회적,
개인적으로 섹슈얼리티에 대해 가치 있게 여기는 바를
담아내기에 법은 여전히 부족하다.

법률 개혁 운동이 동시대의 요구를 반영한 법 개정을 이끌고 극심한 불평등을 줄이는 데는 성공했지만, 복잡다단한 섹슈얼리티 경험을 녹여내거나 사회적, 개인적으로 섹슈얼리티에 대해 가치 있게 여기는 바를 담아내기에 법은 여전히 부족하다.[7]

해외의 강간 관련 법

법이 강간을 어떻게 정의하는지를 살펴보면 성관계와 성적 동의에 대한 가치관과 사고방식 그리고 그 사고방식의 변화 과정에 대해 많은 것을 알 수 있다.

강간과 성폭력을 성적 비동의 관점에서 정의하는 법조문을 가진 나라는 왕왕 있지만, 구체적인 내용은 사법 제도에 따라 다르다. 영국의 강간법은 강간을 상대방 동의 없이 질, 항문, 입에 남성의 성기를 삽입하는 행위라고 정의한다. 사물을 삽입하거나 다른 사람에게 삽입을 종용하는 것에 대해서는 별도의 규정을 두고 있다. 한편 아일랜드에서는 강간죄를 두 가지로 정의한다. 보통법상으로는 비동의 상태에서 남성의 성기를 여성의 질에 삽입하는 행위만을 강간으로 보지만, 형법상으로는 남성의 성기를 항문과 입에 삽입하는 행위와 무생물체를 여성의 질에 삽입하는 행위도 포함된다. 미국은 주마다 다르지만, 연방 정부 차원에서 범죄 통계 작업을 위해 정의한 바에 따르면 '강간이라 함은 피해자의 동의 없이 신체 일부나 물건을 질, 항문에 삽입하는 행위, 또는 피해자 동의 없이 성기를 입에 삽입하는 행위'이다.[8] 캐나다의 법은 상당히 다르다. 강간죄를 별도로 두지 않고 '성폭행'이라는 범주에서 다룬다. 여기서 성폭행은 '합의되지 않은 성적 접촉'으로 정의된다. 뉴질랜드 법은 '성폭력' 범주 아래 강간죄를 독립적으로 규정하고 있다.

대부분의 나라에서 삽입 행위를 수반하지 않는 형태의 성폭력에 관한 법을 따로 두는데 강간죄보다는 덜 심각하게 다뤄지며, 이는 양형 기준에서도 드러난다. 삽입 행위를 동반한 강간을 '꼭대기'에 위치시키는 성폭력의 '단계'는 어떤 성적 행동은 다른 것에 비해 '중요'하며 그래서 특별하다는 인식 구조를 형성한다. 이는 성과 관련한 각본의 최종 단계는 삽입 섹스이며 다른 성적 접촉은 모두 전희쯤으로 취급되는 현실과 맞닿아 있다. 성적 행동에 단계가 있다는 생각이 자유롭게 동의할 수 있는 가능성에 어떤 영향을 미치는지에 대해서는 3장과 4장에서 더 깊게 살펴볼 것이다.

강간의 법적 정의에서 중요한 또 다른 요소는 동의가 그 힘을 발휘하는 범위다. 영국 법을 계승한 미국, 캐나다, 아일랜드 등에서는 동의 여부로 강간을 정의한다. 즉, 강간인지를 판단하는 가장 중요한 기준이 (적어도 이론적으로는) 동의인 것이다. 하지만 다른 여러 유럽 국가에서 어떤 행위가 강간으로 인정되려면 추가 요건들, 바로 협박, 폭력, 신체적 상해, 항거 불능 상태 등이 요구된다. 예를 들어, 프랑스, 노르웨이, 스위스에서 '싫다'라는 거부 의사는 힘을 갖지 못한다. 피해자가 아무리 성적 행동에 반대하는 의사를 분명히 했어도 추가 요건이 성립하지 않으면 가해자는 강간죄로 처벌받지 않는다.[9]

법이 강요된 동의와 동의의 철회를 다루는 방식

강제나 협박으로 인한 동의 또한 문제다. 구타, 해고 등이 두려워 어쩔 수 없이 동의하는 상황도 많기 때문이다. 동의를 중심으로 강간을 정의한 규정조차 강제나 협박에 의한 동의까지 제대로 다루기엔 여전히 모호한 구석이 있다. 그 결과, 가해자 측 변호인은 법정에서 피해자가 신체적, 정신적으로 자유로운 상태였는지는 따지지 않고 분명한 언어적, 신체적 동의 표현이 있었다는 점을 입증하는 것에만 매달린다.

강간을 동의 여부로 정의할 때도 논쟁거리는 남는다. 자유롭게 동의를 표할 수도 있고 철회할 수도 있는 상황이라면 정확히 무엇을 동의로 인정할 것인가. 1979년 노스캐롤라이나주 대법원은 일단 삽입 행위에 대한 동의가 있었다면 그 동의를 철회할 수 없다는 판결을 내렸다. 즉, 여성이 자신이 했던 동의를 철회했음에도 남성이 성교를 끝까지 이어간 경우, 강간죄가 성립

하지 않는다는 것이다. 오늘날 법정에서도 해당 법을 같은 방식으로 해석하는지는 모르지만, 이 판결은 최근까지도 검사가 사건을 처리하는 방식에 영향을 주고 있으며, 한편으로는 그 법이 잘못되었다는 사실을 알리려는 노력이 계속되고 있다.[10]

수사기관과 재판부에 의한 2차 피해

강간 사건을 다루는 재판부와 수사기관이 '관행'이라는 이름으로 강간 문화를 재생산하는 작태도 지적되어야 한다. 증거 수집 절차, 사건의 기소 여부, 피해자에 대한 비난과 그에 따른 2차 피해, 가해자 무죄 판결 등에서 시도 때도 없이 등장하는 관행들은 돌이킬 수 없는 심각한 결과를 낳곤 한다.

무엇보다 기소 절차를 비판적으로 볼 필요가 있다. 기소 절차의 결과(유·무죄의 판결)는 피고인의 이해득실과 더불어 '진실'이라는 무게를 담고 있다. 형사 재판에서 입증의 책임을 검사에게 지우고(그래서 유죄 판결 전까지 피고는 무죄로 추정된다), 배심원단이 '합리적 의심의 여지 없이' 피고의 유죄를 확신해야 유죄 평결이 나도록 범죄 입증의 기준을 높게 잡는 이유도 여기에 있다. 적대적 재판제도에서는 결과적으로 피해자나 가해자 중 어느 한쪽의 입장만 인정받는다. 인정받는 쪽이 되기 위해 가해자와 피해자가 대립하는 과정에서 피해자는 깊은 정신

적 상해를 입을 수 있고, 실제로 공정한 판결이 나지 못하는 경우도 많다.[11]

　법이 강간 문화를 재생산하는 데에 결정적 역할을 하는 것이 강간 신화다. 강간 사건 재판을 연구한 보고서를 살펴보면, 피고 측 변호인은 강간 신화를 지렛대로 이용하며 판·검사는 이에 제동을 걸 생각조차 못 한다. 재판에서 피해자는 얼마나 강하게 저항했느냐는 질문을 수시로 받는다. 이것은 극도의 저항이 없으면 동의한 것과 같다는 신화의 재현이다. 또한 '싫다'라는 명백한 거부 표현보다 성적인 것과는 전혀 무관한 옷차림과 말투가 동의의 더 확실한 참조점이라는 통념을 근거로, 피해자가 강간을 자초했다며 일거수일투족을 훑으며 꼬투리 잡는다. 이런 악습과 법이 조응하며 만든 공간에서 가해자 측은 강간 문화의 맥락에서는 완벽하게 합리적으로 보이는 의심을 유발하며 배심원단을 움직인다.[12]

법의 불평등

법은 결코 만인에게 평등하지 않다. 소수자들은 법(제정법과 그것의 집행 과정) 앞에 불평등하다. 미국에서는 역사적으로 유색인 여성(특히 흑인과 토착민)은 '강간 피해자'가 될 수 없다는 인식이 있었다. 피해자가 백인 여성일 때에만 강간은 범죄로 여겨졌다. 이론적으로는 이러한 불평등을 바로잡았지만, 현실적으로 유색인 여성이 성폭력 피해로 재판을 받으려면 여전히 수많은 장해물에 부딪힌다. 특히 인디언 자치구에는 법률이 제대로 마련되어 있지 않아서 이곳의 토착민 여성이 백인 남성에게 강간당한 경우, 해당 사건은 미국 연방 정부 사법권에 귀속되는데, 연방 법원에서는 신고된 사건 대부분에 대해 불기소 처분을 내려왔다.[13]

지난 50년간, 페미니스트 법학자와 활동가 들은 몇몇 중요한 법 개정을 이끌어냈다. 그 결과 부부간 강간이 인정되었고, 재판 관행들도 개선되어 이제 아주 특수한 경우를 제외하면 성폭력 피해자의 성생활 이력을 증거로 채택할 수 없다.

하지만 이 같은 개선에도 불구하고 '모든' 여성의 피해 사건이 균등하게 다뤄지지 않는 문제는 거의 해결되지 않았다. 또한 성폭력 사건의 유죄 선고 비율이 크게 높아졌다거나 성폭력 범죄가 감소하지도 않았다. 이런 이유로 일각에서는 성폭력 문제에 접근할 때 법에서 **탈각**해야 한다고 주장한다. 법은 상황을 세심하게 살피지 못하고, '예' 또는 '아니오'라는 이분법에 갇혀 결국 한쪽 당사자의 인생 경험은 틀렸다는 판정을 내릴 수밖에 없기 때문에 엄청나게 복잡한 섹슈얼리티 문제를 처리하기에는 부적합하다는 것이다.[14]

이런 견해들은 법의 한계를 극복하기 위해서는 회복적 사법(restorative justice. 피해자, 가해자, 지역사회 구성원, 사법기관 등 범죄 사건 관련자들이 대화와 타협을 통해 범죄 행동에 의한 피해를 바로잡는 것에 중점을 둔 사법 이론—옮긴이)과 '변형적 정의'(transformative justice. 회복적 사법의 원칙을 따르면서 범죄를 피해자, 가해자, 사회 구성원에게 주어진 변형된 형태의 치료, 교육 기회라고 여기는 사법 이론—옮긴이)의 도입과 함께 사회·문화적 변화가 필요하다는 점을 상기시킨다. 이에 대해서는 뒤에서 더 살펴보기로 한다.

시스젠더 중심주의와 삽입 강박 벗어나기

젠더와 성관계에 대한 고정관념, 성폭력 관련 법의 프레임 그리고 강간과 동의에 대한 초기 페미니즘의 관점은 공통적으로 성관계(그리고 강간 및 다른 형태의 성폭력)는 비장애인 시스젠더 남성 한 명과 비장애인 시스젠더 여성 한 명 사이에서 이뤄진다고 가정한다. 질에 음경을 삽입하는 행위를 중심으로 성관계와 강간을 규정하는 것은 항상 남성은 가해자이고 여성은 피해자라는 인상을 준다. 성기 결합 행위만이 동의를 요하는 유일한 성적 행동으로서 법적, 문화적 특별대우를 받는 것이다.

이와 같이 성관계를 협소하게 정의하고 동의가 필요한 성행위의 범위를 좁히는 것은, 시스젠더 이성애자라는 전제에 맞지 않는 집단은 물론, 신체적 자율권을 행사하고 자신의 관계 속에서 동의를 협상하고자 하는 모든 이에게 부정적인 결과를 초래할 수 있다. 유성애 이성애자라는 규범에 맞지 않는 트랜스젠더, 간성(intersex)인뿐 아니라 성기 중심적 성관계를 맺지 않는 장애인 모두 동의 및 성폭력에 관한 문화적·법적 담론에서 배제되는 것이다. 그리고 남녀 성기의 결합만 동의를 얻어야 할 주된, 혹은 유일한 행위라고 정의하면 우리가 신체적 자율권 침해라고 규정했던 행동들은 그 의미가 불분명해진다. 이어지는 두 장에서는 실제로 동의 협상이 어떤 식으로 이루어지는지 살펴보고, 우리 사회에서 권력이 어떻게 개인의 욕구와 행동에 영향을 주고 동의 및 협상 능력을 제한하는지 알아보고자 한다.

3장

동의 의사를 묻는 것이 시작

성적 동의 협상의 기본

성적 동의는 나와 상대방의 신체적 자율권을 존중하는 것이다. 타인에게 마땅히 보여야 하는 신중함과 배려를 바탕으로 상대방을 대하고, 내가 그런 것처럼 성관계를 맺을 의사가 상대방에게 있는지 확신할 수 없다면 지나치다 싶을 정도로 주의를 기울여야 한다.

성적 동의를 고민할 때 신체적 자율권 개념은 순전히 나를 위해서도 필요하다. 나의 신체적 자율권을 행사하고 싶다면 당연히 타인의 신체적 자율권을 존중해야 하기 때문이다. 이런다고 섹스와 섹스를 둘러싼 모든 결정 과정이 재미없어지는 것은 아니다. 핵심은 성관계가 어느 한쪽의 만족감을 위해 타인의 몸을 이용하는 일방적인 행위가 아니라는 점이다. 즉, 우연한 만남에서든 오래된 관계에서든 성관계는 '상호' 교류를 의미한다.

몇 년 전, '차 한잔'과 '성관계'가 얼마나 유사한지 보여주는 영상이 돌았다.[1] 내용은 이렇다. 내가 차 한잔을 권했을 때 상대가 "좋아요, 주세요"라고 대답했다면 차를 끓여도 된다. 상대가 전적으로 확실하게 동의하지 않았다면 차를 준비할 순 있지만 상대가 마시지 않는다고 해서 화를 내선 안 된다. 또한 상대가 "고맙지만 사양할게"라고 말했거나 대답할 수 없는 상황이라면 차를 억지로 먹여서도 안 된다.

이 영상은 성적 동의에 접근하는 쉬운 출발점이 되어준다.

이번 장에서는 좀 더 나아가 정확히 누가 동의 협상을 해야 하는지, 또 동의를 구하고 동의 또는 비동의 의사를 표하고 철회하는 등의 실천에 관해 고민해보고, 일어날 수 있는 문제들과 자주 하는 질문들을 살펴보고자 한다. 만약에 권력 관계로부터 자유롭고, '성관계=남녀 성기 결합'이라는 공식에 구애받지 않으며, 불안감 없이 욕구를 표현하고, 불편할 땐 걱정 없이 거절할 수 있는, 그런 이상적인 세상에서는 성적 동의 협상이 어떻게 이루어질까? 이번 장에서는 이 질문에도 다각도로 답해보려 한다.

사람들은 동의에 대해 잘 모르고 있다

성 조언 자료들과 대중문화(우리가 성관계에 대해 알게 되는 주된 공간)에서 가장 눈에 띄는 점은 '동의'를 주제로 삼는 콘텐츠가 보이지 않는다는 것이다.[2] 그나마 청소년 대상 프로그램에서 드물게 접할 수 있을 따름이다. 열여덟 살만 되면 누구나 저절로 성적 동의의 과정과 방법을 알게 되고, 따라서 18세 이상의 독자와 시청자를 위한 콘텐츠에서는 그것을 다룰 필요 없다는 데 다들 동의한 듯하다.

　최근 전 세계에서 폭로된 사회 각계각층 유명 인사들의 강간, 성폭행, 성추행 사건에 뒤따른 논쟁들을 보면 (대부분은 아니더라도) 많은 사람이 성적 동의에 대해 잘 모르는 것 같다는 생각이 든다. 권력을 남용하고, 동의하거나 거절할 수 있는 타인의 권리를 묵살하고도 내내 잘 먹고 잘 살아온 사람이 많아서인지, 동의에 대해 배우긴 했지만 안전한 상황에서 그것을 실천해볼 기회를 가져본 사람이 거의 없어서인지, 아니면 둘 다인지를 따지는 것은 이 책의 목표를 넘어선다. 확실한 것은 성과 동의를 둘러싼 잘못된 인식이 너무 많고, 따라서 남녀노소를 막론하고 사회 구성원 모두가 성적 동의에 대해 다시 배워야 한다는 것이다. 설령 동의를 잘 실천하고 있다고 자신하는 사람에게도 반성하고 개선해야 할 부분은 있기 마련이다.

앞서 2장에서 봤듯이, 법은 남성 성기의 삽입을 강간의 필수 요건으로 정하고 이것만이 동의 여부를 따져 물을 수 있는 경우로 '인정'한다. 이는 성관계와 동의를 요하는 행위가 무엇인지에 대한 지배적 시각을 반영하며 다시 강화한다. 동의 담론 역시 '삽입'에 편중되어 있다. 성교육뿐 아니라 법률 개혁 운동, 서두에 언급한 「차와 동의」 영상에도 이런 경향이 뚜렷하다.

페미니스트 학자들도 종종 동의를 요하는 행동을 너무 좁게 규정하는 함정에 빠진다. 미국 대학생들의 성적 동의 협상 실태를 조사한 한 연구는 협상이 필요한 경우를 남녀 성기 결합으로 한정했다. 이렇게 되면 만지고 키스하고 옷을 벗는 등의 행동은 동의가 필요한 성적 행동이 아니라 성관계에 동의하는 표현이 돼버린다.[3]

모든 성적 접촉이 동의 협상의 대상

하지만 신체적 자율권 관점에서 생각해보면 삽입 또는 성기 결합에 한정된 논의의 한계가 분명해진다. 피해 경험은 모두 다르겠으나, 한 가지 변하지 않는 사실은 삽입뿐 아니라 내 의사에 반하는 키스나 기타 모든 신체 접촉이 신체적 자율권을 침해하는 행위라는 것이다. 상대가 삽입을 승낙했는지 확인하지 않는 것과 키스를 승낙했는지 확인하지 않는 것은 똑같이 상대를 인간으로서 존중하지도 배려하지도 않는 행동이다. 그러므로 동의를 협상해야 하는 행동의 범위는 더 넓어야 한다. 진정으로 자신과 상대의 신체적 자율권을 지키고 싶다면, 그것이 포옹이든, 키스든, 성관계든, BDSM이든, 집단 성교든 당사자 모두가 동의하는지 서로 확인해야 한다.[4]

이러한 접근법의 핵심은 성관계가 무엇이고 어떻게 진행되는지 잘 알고 있다는 생각을 버리는 것이다. 우린 그저 술을 몇 잔 마시고, 키스하고, 만지고, 옷을 벗고, 음경이 질 안으로 들어가고, 시스젠더 남성이 사정을 하는 것으로 상황이 종료되는 성 각본을 알고 있을 뿐이다.

이 각본에서 배제된 모든 가능성을 염두에 두어야 한다. 우선, 성행위에 관계된 사람이 시스젠더 남성 한 명과 시스젠더 여성 한 명이 아닐 수 있다(트랜스젠더나 논바이너리일 수 있고,

두 명의 시스젠더 남성과 두 명의 시스젠더 여성일 수도 있으며, 성 정체성과 관계없이 두 명 이상일 수도 있다). 그리고 한 명 이상의 참여자에게 장애(눈에 보이든 보이지 않든 자기 삶과 섹슈얼리티 표현에 영향을 미칠 만한 장애)가 있을 수도 있다. 기존 성 각본에는 등장하지 않는 성적 행동(자위행위를 서로 지켜보거나 자위 기구를 사용하는 등)을 즐길 수도 있다. 반대로, 각본의 일부나 전부를 즐기지 못하거나 불편해할 수 있다(삽입이 포함된 성관계를 좋아하거나 원하지 않아도 괜찮다). 또한 성관계가 시스젠더 남성의 오르가슴으로 끝나지 않아도(시스젠더 남성이 오르가슴에 이르기 전에 진력이 나서든, 그 이후에 다시 성적 행동들이 이어졌기 때문이든, 상대가 어떤 이유로 동의를 철회했든 간에) 괜찮다. 그리고 성행위를 반드시 두 명 이상이 해야 하는 것도 아니다(때때로 신체적 자율권을 가르칠 때 자위만 가르치기도 하며, 당연히 이것도 괜찮다).

성관계는 A에서 B로 가는 직선적 과정이 아니라 상호 탐구와 즐거움을 위한 가능성들이 가득한 어떤 공간이다. 반드시 음경이 질에 들어가야 하는 것은 아니므로 손가락을 항문으로 넣을 수도 있고, 입을 이용하거나 자위 기구를 독창적인 방법으로 활용해볼 수도 있다.

젠더나 성기의 형태가 성관계에서 가능한 역할과 행동을 결정할 수 없다. 섹스는 온몸이 겪는 일이다. 그렇다면 이제 동의 협상을 이 가능성의 공간을 탐색하는 것이라고 생각해보자. 나와 상대방이 각각 성적으로 즐거움을 느끼는 것들 중에서 공통된 부분이 있을 것이다. 동의 협상이란 바로 이 공통된 부분을 찾는 작업이다. 하지만 물론 원인이 무엇이든 간에 공통된 부분이 없을 수 있다는 사실도 이해해야 한다. 내가 좋아하는 사람이 나를 좋아하지 않을 수 있고, 서로의 성적 관심사를 공유할 수 없을지도 모른다. 나를 좋아하지만 지금 당장 내가 하려는 것을 상대는 하기 싫을 수 있다(물론 그 반대의 경우도 있다). 이 모든 상황에서 다른 무엇보다 중요한 것은 신체적 자율권, 동의, 상대에 대한 배려다. 상대방이 '싫다'라고 말했다면, 달리 해석할 여지 없는 거부이다.

동의 협상의 1단계, 물어보기

어떻게 하면 서로 신체적 자율권을 존중하면서 무한한 가능성의 공간을 훌륭하게 항해할 수 있을지 동의 협상의 핵심 개념과 함께 고민해보자.[5]

　동의에 관한 한 우리가 제일 먼저 배워야 할 것은 물어보기다. 미투 운동이 한창일 때 "그럼 섹스를 할 때마다 법률 계약서를 써야 하냐"는 비아냥 어린 질문을 들어봤을 것이다. 본질을 벗어나는 이런 질문은 대화를 계속할 수 없게 하고, 일상생활 속 성폭력을 심각하게 생각하지 않는 태도를 반증할 뿐이다. 법률 계약은 성적 동의와 아무 관련이 없다. 동의는 소통과 배려, 인간적 존중이 있어야 가능하고 이런 것들은 법으로 규제되지 않는다.

말을 쓰든 몸을 쓰든 동의를 묻는 방식은 여러 가지일 수 있다. 동의 여부를 정확하게 묻는 방식은 동의를 구하는 행동이 무엇인지, 그리고 상대방에 대해, 현 상황에 대해 얼마나 잘 알고 있는지에 따라 달라질 수 있다. 다만, 성행위에 동의하는지 묻는 것은 성적인 상황 전에, 그리고 그런 상황이 아닐 때 이뤄질 수 있고 또 그래야 한다. 차나 와인을 마시면서 서로의 성적 판타지를 이야기할 수 있고 에로틱한 문자를 주고받을 수도 있다. 혼자 달아올라 안절부절못하지 말고 엉덩이를 만져도 괜찮은지 묻고 확인해라. 그리고 요구한 것이 무엇이든 언제든 거부할 수 있다는 점을 서로 이야기하자. 상대방의 대답을 곧이곧대로 받아들이고, '싫다'는 대답이 나올 수 있다는 점을 인지해야 한다.

동의를 **표하는** 방식 또한 다양하며, 상황에 따라 달라질 수 있다. 대학생을 대상으로 동의 방식을 조사한 심리학 연구에 따르면, 남성과 여성이 서로 동의를 전달하고 이해하는 방식이 달랐다. 여성은 상대방에게 그만하라고 말하지 않는 수동적 태도

를 보이거나 만지고 키스하는 등 비언어적 신호를 보내는 편이
다. 반면에 남성은 성적 접촉을 일단 시작한 다음 남들 눈에 띄
지 않는 장소로 옮겨 가거나 방문을 닫는 것 등 '분리'를 시도하
는 경향이 있다.[6]

성적 상황에서 사람들이 어떻게 행동하는지 관찰하는 행
동주의 연구는, 왜 그렇게 행동하는지 해명하려고 애쓰지만 이
런 행동을 형성하고 생산하는 사회 구조의 문제는 간과한다. 이
들 연구에서 언급된 동의 행동만으로 괜찮은 상황이 있을 수도
있겠으나, 이상적이지는 않다. 성별화와 이성애 중심성을 내재
한 이런 식의 동의 행동은 2장에서 누구이 말한 성관계를 둘러
싼 고정관념을 그대로 따른 것이다. 무엇보다 여기엔 매우 중요
한 두 가지 요소가 빠져 있다. 첫째, 동의는 조건부일 수 있다는
것, 둘째, 동의가 유효하려면 지속되어야 한다는 것이다.

조건부 동의

'조건부' 동의란 "좋아, 나도 너와 섹스하고 싶어. 하지만 이런저
런 조건이 갖춰졌을 때만 할 거야"라고 말할 수 있다는 뜻이다.
안전한 성관계를 위한 조건이 우선일 텐데, 성기 결합에 대한 동
의는 콘돔 사용을, 오럴섹스에 대한 동의는 덴탈댐(dental dam.
오럴 섹스 때 성병을 보호하기 위해 사용하는 얇은 고무막. 콘

돔을 세로로 잘라서 펼쳐 써도 된다—옮긴이) 사용을, 둘 이상이 하는 성행위에 대한 동의는 정기적인 성병 검사를 조건으로 할 수 있다. 성 노동자는 노동에 대한 대가를 조건으로 성관계에 동의할 수 있으나, 대가가 지급되었더라도 성관계를 거부하거나 동의를 철회할 권리가 있다는 사실은 변함이 없다. 대가의 지급은 필요조건일 뿐 충분조건은 아니다.

동의에 붙는 조건은 나의 신체적 자율권 행사와 관련이 있다. 성적 취향 때문이 아니라면, 신체적 자율권을 행사할 수 있는 상황을 벗어나는 요구를 동의의 조건인 양 내세워서는 안 된다. "설거지해주면 섹스할게"나 "술 살 테니까 나랑 섹스해" 같은 조건부는 나와 상대방의 신체적 자율권을 지키거나 행사하는 것과는 거리가 멀며, 오히려 전혀 성적인 행동이 아님에도 특정 행동이 성관계에 대한 의무를 발생시킨다고 보는 기존의 사고방식을 떠오르게 한다.[7] 너무나 뿌리 깊은 이런 사고방식은 신체적 자율권 원칙과 양립할 수 없다.

동의의 지속과 철회

동의가 유효하려면 지속되어야 한다. 다시 말해, 성행위를 하는 동안 언제든 무슨 이유로든 마음을 바꾸거나 동의를 철회할 수 있고, 자신의 신체적 자율권을 존중받을 권리가 있다. 행위를 중단하고 싶다면 "그만하고 싶어"라고 말하자. "우리 둘(또는 여럿) 다 좋아할 만한 다른 것을 해보자"라고 말하거나, 그냥 그만하자고 말할 수도 있다. 그리고 상대방은 이 뜻을 존중해야 한다. 마찬가지로 나도 상대방의 의사를 존중해야 한다. 동의 철회는 상대방의 인간성이나 성적 행위에 문제가 있을 때만 내리는 결정이 아니며, 심지어 상대방과 관련이 없을 수도 있다. 그저 지루해져서, 머리가 아파서, 상대방이 하던 애무가 재미없어서 철회하는 것일 수 있다. 나는 정말 좋은 상태라 멈추기 싫을 수도 있지만 멈추지 않으면 타인의 신체적 자율권을 침해하는 것임을 잊어서는 안 된다.

계속해서 동의 상태를 확인한다는 것은 묻고 답하는 순간에 일단 행동을 멈추는 것을 뜻하지 않는다. 섹스를 자기 욕구 만족을 위해 타인의 몸을 이용하는 행위라고 생각하지 않고, 타인을 존중하면서 서로 행복한 성적 경험을 공유하는 행위라고 생각한다면 나뿐 아니라 상대방의 요구를 진지하게 받아들이는 것이 당연해진다. 즉, 상대가 만족하는지, 내 행동을 상대가 좋아하는지, 여전히 동의하는지 거듭 확인해야 한다.

비동의

마지막으로 동의와 관련해서 할 수 있는 가장 중요한 것은 **동의**

하지 않는 것이다. 언제든지, 어떤 이유로든지 싫다는 의사를 표현할 수 있으며, 꼭 그 이유를 설명해야 하는 것도 아니다. 하지만 싫다고 말하는 것은 생각보다 어렵다.

성폭력 가해자는 용서받고 피해자는 비난받는 강간 문화가 만연한 사회에서 '적절히' 거절하는 것이란 대체 무엇일까. 강간 예방 캠페인은 오랫동안 여성을 대상으로 진행되었고, 더 강하고 분명하게 그리고 평소와는 다르게 '싫다'라고 말하라고 교육했다. 그래서인지 최근 세간의 이목을 끈 강간과 성폭행 피해 주장들에 대한 대중의 첫 번째 반응은 "피해자가 확실히 싫다고 말했대?"라는 의심이다.

하지만 성적 상황이 아닌 일반적인 상황에서 거절하는 것에 대한 연구에 비추어볼 때, 피해자가 강간을 피할 수 있을 만큼 충분히 강하게 거부하지 못했다는 생각은 잘못된 것이다.[8] 차 한잔을 마시는 것이든, 친구와 술을 마시러 가는 일이든, 성관계든 간에 무언가를 거절하는 것은 사회적으로 곤란한(말하자면 '별로 하고 싶지 않은') 행동이다. 사람들은 혹여 타인의 감정을 상하게 할까 봐 '싫어'라는 말을 좀 더 완곡한 다른 말들로 대체한다. 그중 하나가 바로 핑계를 대는 것이다("오늘 저녁에 같이 맥주 마시러 못 갈 것 같아. 축구 하러 가기로 했거든"). 아니면 거절하면서 제안해준 데에 고마움을 표하거나("고마워. 나도 정말 그러고 싶긴 한데…"), 제안의 일부만 받아들이기도 한다("지금은 안 되고 나중에 한번 봐").

무엇을 제안받았는지와 상관없이 이런 식의 거절 표현은 예의 바른 것으로 여겨지며, 대부분 이런 말을 들으면 명백한 거절로 이해한다. 완곡하게 거절하는 표현들이 성적인 상황에서만 다르게 해석될 이유는 전혀 없다. (자폐증을 앓고 있는 사람, 즉 신경학적 비전형인은 이런 간접적 표현을 이해하는 데 어려움을 겪는다는 보고가 있다. 하지만 이는 성적 상황이 아닌 경우에도 해당하는 어려움으로, 소통하는 가장 좋은 방식을 미리 이야기하는 것이 하나의 해결책일 것이다.)

이성애 여성이 남성을 상대로 직접적이지 않게 거절 의사를 전하는 또 다른 이유가 있다. 노골적이고 확고한 거절 표현은 남성적인 것으로 여겨져 여성이 하면 제재되곤 한다. 더욱이 상대 남성을 화나게 하면 자신의 안전이 위협받는 상황이라면 여성은 최대한 부드럽게 거절하려고 노력한다.

신체 자율권을 존중한다는 것은 곧 상대방의 이야기를 주의 깊게 듣는 것이자 애매하거나 정중한 표현 또한 명확한 거절이라고 진지하게 받아들이는 것이다.

동의 협상 방식을 결정하는 요소들

동의에 관한 논의는 수많은 질문을 불러일으킨다. 이 중엔 법률 계약 관련해서나 나올 법한 질문으로 본질을 흐리는 것이 있는 가 하면, 문제의 쟁점을 파고드는 진심 어린 질문도 있다. 여기에 서는 이런 질문 가운데 몇 가지를 다루어보려 한다. 우선, 동의 협상 방식을 결정하는 정황적 요소들을 알아보고, 그다음 사적 경계를 둘러싼 문제들, 그리고 성관계를 유도하는 행동들에 대 해 살펴볼 것이다.

앞선 내용에서 알아차렸겠지만, 동의 협상은 상황과 맥락 에 좌우된다. 상대방(또는 관계된 여러 사람)을 얼마나 오랫동 안 알고 지냈는지, 성적 경험을 서로 나눈 적이 있는지, 솔직한 대화와 이해가 가능하다고 확신할 수 있는 사이인지가 중요하 며, 또한 각자의 동의 조건과 가능성에 영향을 미치는 외부 요인 들도 무시할 수 없다.

관계의 성격

가장 분명한 맥락적 요소는 관계의 성격이다. 하룻밤 외출에서 처음 만난 사람인가? 단지 섹스를 하려고 만난 사이인가? 섹스 파티에서 만났는가? 오래 만난 사람인가, 아니면 배우자인가? 꼭 우리가 예상하는 대로는 아니겠지만 이런 차이가 동의 조건 에 영향을 미친다.

상대와 친밀할수록 동의 협상이 수월하고 동의에 이르는

지름길이 보이리라고 믿고 싶겠지만 이런 생각은 위험하다. 과거의 동의가 미래의 동의를 담보한다는 오해에서 비롯된 것이기 때문이다. 결혼을 곧 자동적이고 갱신할 필요 없는 성적 동의로 인식하는 경향이 대표적인 예다. 이 같은 인식은 이성 간 결혼에서는 여성에게 특히 억압적이며, 동성 결혼을 한 사람들에게도 당연히 해롭다. 여성성, 남성성, 성 역할, 결혼의 의미와 같은 관념과 결합해 원치 않는 성관계에 동의하지 않을 수 없는 힘으로 작용하기 때문이다.

결혼이 곧 성적 동의라는 주장을 터무니없는 소리라고 무시하거나 적어도 케케묵은 옛날이야기라고 치부하는 사람들이 있을 것이다. 하지만 현실은 녹록지 않다. 잉글랜드 웨일스에서는 부부간 강간을 인정하라는 캠페인을 벌인 지 30년이 지난 1991년에,**9** 독일에서는 1997년에야 부부간 강간을 범죄화했다. 국가의 태도와는 상관없이, 결혼하면 자동으로 성적 동의가 이루어진다는 생각을 '합법'이라고 여기고 살아온 사람들의 태도가 더 문제다. 혼인 서약에서 "네"라는 대답이 꽤 많은 것을 약속하긴 하지만, 배우자가 원할 때마다 그의 성적 만족을 위해 내 몸을 이용하도록 허락하는 약속은 포함되지 않는다는 점을 명심해야 한다. 또한 관계가 오래되면 각자의 성적 욕구도 변하며 처음과는 달라진다. 이 변화를 풀어가는 과정에서도 언제나 상대방의 신체적 자율권을 존중해야 한다.

한편, 오래 만난 사람과 특정한 성적 행동을 한 번 또는 여러 번 한 경우, 다음에도 상대가 이에 응하리라고 예상한다. 하지만 이 역시 오해다. 상대방은 지금 그 행동을 하고 싶지 않을 수 있고, 어쩌면 이전에도 좋아하지 않았고, 그래서 다시는 하고 싶지 않을 수도 있다. 부부 사이든 오래된 연인 관계든 어떤 관계에나 신체적 자율권 원칙이 적용되어야 하며, 동의 협상과 열린 대화는 필수다.

동의 협상에서 상대방을 잘 안다는 것은 분명 장점이다. 함께한 시간이 길수록 상대방이 어떻게 표현하는지 알고, 언어적 표현뿐 아니라 신체적 표현도 더 잘 이해할 수 있다. 서로 불편해하지 않고 거절할 수 있고 그것을 존중받는다는 확신을 쌓는 것은 동의 협상에 더할 나위 없이 훌륭한 토대가 된다.

반대로 성관계를 목적으로 하는 일시적인 만남이나 깊이 알지 못하는 사이에서는 동의 협상이 쉽지 않을 수 있다. 성관계를 남녀 성기 결합으로 한정하는 각본이 존재하는 문화에서는 서로의 욕망을 들여다보기도 전에 각본을 완성해야 한다는 압박이 따라온다. 잘 모르는 사람과 이 각본에서 벗어난 성관계를 탐구하고 찾는 시간을 갖기란 어렵다. 하지만 서로의 신체적 자율권을 충분히 존중한다면, 기대했던 만큼 만족하진 못했더라도 교감하는 섹스를 통해 각본을 무력화할 수는 있다.

술에 취했다는 사실이 가해자 남성에게는 성폭행에 대한 변명이 되고("그 남자는 취해 있었어요. 본인이 무슨 짓을 하는지도 몰랐을 거예요"), 피해자에게는 비난의 근거로 이용된다("그 여자는 취해 있었어요. 무슨 생각으로 그렇게 취했을까요?").

성 교육자 메그-존 바커와 저스틴 행콕은 어떤 만남의 끝을 섹스로 정해놓지 말라고 제안한다.[10] 섹스는 A와 B를 직결하는 통로도 아니거니와(대신 섹스에는 서로를 탐색할 수 있는 가능성들이 가득하다) 다른 즐거운 관계도 얼마든지 가능하다는 사실을 잊지 말자. 물론 인생 최고의 섹스를 즐길 수도 있겠지만, 그냥 친구가 될 수도 있고, 술 몇 잔을 기울이고 각자의 삶으로 돌아갈 수도 있는 것이다. 이 모든 것이 남에게 의지하지 않고 내가 만든 만족스러운 경험이 될 수 있다. 오직 섹스만이 관계의 목표인 양 자신과 타인을 압박할 필요는 전혀 없다.

약물과 알코올

동의 협상을 가로막는 장해물 가운데 하나는 약물이나 알코올로 인한 의사소통 및 의사결정 능력의 상실이다. 페미니스트 활동가들은 술에 취했다는 사실이 가해자 남성에게는 성폭행에 대한 변명이 되고("그 남자는 취해 있었어요. 본인이 무슨 짓을 하는지도 몰랐을 거예요"), 피해자에게는 비난의 근거로 이용된다고("그 여자는 취해 있었어요. 무슨 생각으로 그렇게 취했을까요?") 비판한다. 강간 예방 교육은 늘 여성들에게 취하지 말라고 강조한다. 그리고 음료에 약물을 타는지 지켜보라고 경고한다. 남성에게 음료에 약물을 타면 안 되며 취한 사람의 동의 표현은 불확실할 수 있으므로 취한 사람과 성관계를 하지 말라고 가르치는 교육은 페미니스트들의 패러디에서나 찾아볼 수 있다.

누군가 너무 많이 취했을 때 할 수 있는 최선의 행동은 그 사람이 잠을 자거나 빨리 회복할 수 있는 안전한 장소를 찾아주는 것이다. 하지만 약물과 술 그리고 동의에 관해 정해진 엄격한 규칙은 없다. 이성애 관계에서 남성과 여성에게 들이대는 잣대가 다르다는 사실을 인지하고 문제의식을 가지는 것이 시작점이다. 또한 신체적 자율권 원칙을 항상 명심해야 한다. 내가 술과 약물에 어떻게 반응하는지 알아야 하며, 술과 약물 때문에 정신이 흐려졌을 때 내가 타인의 경계를 존중해줄 수 있는 상태인지 스스로 아는 것 또한 필요하다.

약물과 술에 대한 기준은 커뮤니티의 특성에 따라 조금씩 다르다. 많은 BDSM 행위자들은 행위하는 동안이나 그 전에 어떤 약물이나 알코올도 섭취해서는 안 된다고 말한다. 몇몇 BDSM 행위(신체 결박, 체벌, 복종과 지배, 가학·피학성 성애를 포함하여 다양한 성적 표현과 역할 연기를 하는 행위)는 부주의하게 실행할 경우 심각한 부상이나 사망 사고가 발생할 수 있기 때문이다. 모든 참여자가 언제든지 동의를 구하고, 동의를 표하며, 동의를 인지하고, 동의를 보류하거나 철회할 수 있는 의사소통이 가능한 온전한 상태를 보장하려는 것이다.

약물 사용 후 성관계를 맺는 그룹도 있다. 주로 게이와 양성애 남성이 성적 희열을 더 강하게 느끼려고 특정 약물을 사용하는 '파티 앤드 플레이'(Party and Play)나 '켐섹스'(chemsex)가 최근 몇 년간 주류 언론에 대서특필되고 있는데, 주목도가 높은 살인 사건들과 관련되어 있기 때문이다. 이에 따라 '조치를 촉구하는' 기사와 글들이(『브리티시 메디컬 저널』의 사설을 포함하여) 잇따라 발표되었고, 영국 정부도 성명서를 발표했다. 하지만 대다수의 논평은 20세기 내내 계속된 퀴어 집단에 대한 소외와 탄압, 1990년대와 2000년대에 출현하고 사라진 수많은 게이 모임들, 그라인더(Grindr) 같은 게이와 양성애자를 위한 데이팅 애플리케이션의 등장, 향정신성 약물 기술과 문화의 발달 등 켐섹스 문화의 사회적, 역사적 배경은 무시한다.

켐섹스에 관한 몇 안 되는 학술 연구는 켐섹스가 남성성 문제와 육체적 관계의 추구, 동시대 퀴어 문화가 직면한 '동화'(同化)에 대한 압박 및 소외와 깊은 연관이 있다고 지적한다. 켐섹스는 보통 성적 건강, 특히 HIV와 C형 간염 전염에 대한 우려에 초점을 맞춰 논의되어왔으며, 성적 동의 이슈는 학계나 의료계가 아닌 지역 자선 단체에 의해 좀 더 최근에 제기되었다. 성관계 전 또는 성관계 중에 약물을 사용하는 것이 일반적인 커뮤니티라 할지라도 신체적 자율권 원칙은 유효하며, 동의를 철회하거나 보류할 수 있는 권리와 타인의 동의 결정을 존중할 의무 또한 계속된다.

성적 동의에 관한 소통을 가로막는 요소는 또 있다. 세계가 여러 방식으로 연결돼 있다 보니 사람들은 대부분 비슷한 문화와 배경을 공유한다고 착각하곤 한다. 하지만 다른 문화권에서 온 사람이라면 일상적 관계에서, 그리고 성관계와 동의에 관련해 부딪히는 일이 많을 것이다. 자라면서 받아온 교육과 문화적 배경, 그리고 언어도 섹스를 사고하는 방식에 큰 영향을 끼친다. 그리고 성 각본 또한 서로 다를 것이다. 좀 수고스럽더라도 내가 생각하는 성관계가 어떤 것인지 상대에게 의식적으로 털어놓고 대화하면 빈틈을 메우는 데 도움이 된다.

유혹

동의를 논할 때 자주 나오는 또 다른 질문은 유혹을 어찌 볼 것인가이다. 유혹이라는 단어가 어떻게 쓰이는지 살펴보면 우리가 동의와 인간관계를 어떻게 생각하는지가 드러난다. 유혹은 일반적으로 나와 섹스하는 것이 썩 내키지 않는다고 말한 사람에게 계속 섹스를 하자고 설득하는 행동을 함축하는데, 비동의 상황을 '유혹'이라는 말로 가리는 식의 수많은 문화적 비유는 마음과 몸, 사회적으로 적절한 것과 개인 욕망 사이의 벌어진 틈에서 작동한다.

남성과 여성이 성관계에 대해 어떻게 느끼고 행동해야 하는

지를 투영하는 표현들은 굉장히 성별화되어 있고 이성애 중심적이다. 섹스를 먼저 제안하는 적극적인 남성, 자신의 성욕보다는 사회적 기준을 먼저 고려하는 수동적인 여성이 이 표현들의 전제이다. 이는 '여자가 싫다고 하는 건 좋다는 말이다'라는 미신과도 떼려야 뗄 수 없다. 속으로는 성관계에 응하고 싶으면서 여러 이유로 겉으로는 거절한다는 미신 말이다. 유혹이라는 말은, '싫다'가 언제나 말 그대로 '싫다'는 아니며, 특히 여성의 동의 또는 비동의 표현은 곧이곧대로 믿을 수 없고, '싫다'가 '좋다'가 될 때까지 사적 경계를 넘는 것을 허용함을 내포한다.

나의 경계 찾기

'경계'는 유혹이 의미하는 바와 유혹과 동의의 관련성을 고민할 때 유용한 개념이다. 경계는 내가 괜찮은 것과 괜찮지 않은 것 사이에 놓인 선이다. 성적 상황뿐 아니라 여타 사회적인 상황, 타인과의 일상적 관계와도 관련이 있다. 실명보다 닉네임으로 불리길 원하는 것, 소규모 그룹에서는 편안하지만 많은 사람이 모인 자리는 불편한 것, 어떤 음식을 싫어하는 것, 포옹보다는 악수를 선호하는 것 등이 개인이 자기 삶에 설정해놓은 사적 경계의 예들이다. 성적 상황에서라면 특정 정도의 접촉과 행동은 괜찮지만 그 이상은 불편하다고 느끼는 것, 지금 당장은 성관계를 원하지 않는다거나 어떤 사람과는 하기 싫다고 생각하는 것 모두 내가 정한 경계이다.

내 경계가 어디에 있는지 아는 것은 무척 까다롭다. 좋아하는 것, 싫어하는 것을 알고 선을 정하는 일은 시간이 꽤 걸리는 작업이지만, 자신의 경계에 대해 타인과 이야기해야만 개인의 자율권 행사와 사회적 규약 존중 사이의 갈등을 조정할 수 있다. 다른 사람이 내 경계를 탐색하는 질문을 먼저 던져야 조정 단계로 넘어가겠지만 사실 이런 과정이 몸에 밴 사람은 많지 않다. 저녁 식사에 초대한 집주인이 내가 어떤 음식을 좋아하고 싫어하는지 묻지 않았는데, 내게 버섯 알레르기가 있다고 치자. 집주인이 내 온 음식에서 일일이 버섯을 골라낼 것인가, 아니면 경미한 알레르기 반응은 감안하고 차려진 대로 먹을 것인가? 내가 내 경계를 아는 것만으론 불충분하다. 경계를 알아가는 과정은 쌍방향으로 이루어져야 하며, 한쪽에 제 역할을 다하지 못하면 완전히 실패하고 만다.

문제는 다른 사람의 경계를 존중할 마음이 없는 사람들이다. 이들은 사회적 불편감을 악용한다. 예컨대 공격적 영업 전략은 제안을 거절하면 무례해 보이거나 소란이 벌어질 상황으로 상대를 몰아넣어 어쩔 수 없이 수락하도록 만든다. 사람을 만날 때도 마찬가지다. 누군가가 인사라는 명목으로 포옹이나 볼 키스를 요구했을 때, 이를 거절하는 부담은 온전히 상대방에게 전가된다. 상대가 공공연히 말한 경계에 의문을 표하거나 타당한 이유를 요구하고 불평하는 것도 사회적 통념을 빌미로 사적 경계를 침범하고 노골적으로 무시하는 행위다.

유혹은 명시적 또는 암묵적으로 표현된 사적 경계를 침범하려는 시도다. 이에 응하는 것은 종종 자기 마음속 진정한 욕구 때문이 아니라 더 나쁜 결과가 두렵기 때문이다. 따라서 설령 '좋다'는 답을 얻어냈다 한들 그것은 보이지 않는 강압에 의한 것이고 상대가 신체적 자율권을 포기한 결과이다.

묻는 과정을 삭제하는 동의 앱

미투 운동으로 새롭게 주목받은 기술이 있다. 외견상 동의 협상 방식을 개선하고 분명한 기록을 남기는 데 일조하는 모바일 앱들이 최근 출시되었다. 이 앱들은 내가 정한 선을 상대방에게 알리고, 명백한 동의를 확실하게 기록하거나 비동의 의사를 전달하는 수단이라고 홍보된다. 만약 침해 상황이 발생하면 이 앱의 기록이 계약법에 따른 민사 소송에서 도움을 줄 수도 있다. 하지만 신체적 자율권을 근거로 하는 페미니즘 관점에서 보면 이런 접근이 얼마나 문제인지 금세 확연히 드러난다.

좋아하는 것과 그렇지 않은 것, 그리고 동의하는 바를 진지

동의를 기록하는 앱들이 성폭행 피해를 방지하기보다
가해자가 동의를 받았다는 사실을 '입증'하는 데
악용된다는 점은 우려할 만하다.

하게 이야기할 계기가 되어준다는 점에서 그 의도는 좋지만, 시판된 앱 가운데에는 서로 넘지 말아야 할 선이 무엇인지 의논하도록 유도하기보다 체크리스트를 주고 대화하는 불편함을 건너뛰도록 하는 데에 그친 앱도 많다. 물론 사적인 욕망과 경계에 대해 이야기하는 것은 불편하고 어려울 수 있지만, 이런 앱이 제거한 것은 정작 불편함이 아니라 실질적 소통이다. '콘돔 사용'이나 BDSM에 체크할 때 어감과 감정, 인간성은 결코 드러나지 않는다.

경찰관이 강한 어조로 안 된다고 말하는 모습이 담긴 영상을 사용자가 재생할 수 있는 앱도 있다. 이 앱의 개발자는 성관계를 강요하는 사람에게 이 영상을 보여주면 거절 의사를 더 명확히 전달할 수 있다고 주장한다. 이 같은 주장의 기저에는 모호한 대답은 곧 '좋다'라는 뜻이며 '싫어하는 척하는 것일 뿐이다'라는 강간 신화가 깔려 있다는 점에서 문제가 있다. 무엇보다 신체적 자율권을 존중받기 위해 경찰 영상까지 동원해야 하는 지경까지 가서는 안 된다.

그리고 동의를 기록하는 앱들이 성폭행 피해를 방지하기보다 가해자가 동의를 받았다는 사실을 '입증'하는 데 악용된다는 점은 우려할 만하다. 어쨌든 법정에서는 전자 기록을 실제 대화보다 우선하기 때문이다. 기업은 언제든지 말로 동의를 철회할 수 있다고 홍보하며 사용자를 안심시킨다. 이 홍보가 실효성이 있으려면 동의 철회가 타당하다는 사고방식이 문화적, 법적으로 널리 받아들여져야 한다. 그러나 현실은 어떤가. 여성의 저항은 형식적일 뿐이라는 속설은 여전히 만연해 있고 가해자 측 변호인들은 강간 문화를 십분 활용하고 있다. 동의 앱이 권장하는 것처럼 성관계를 계약 거래로 규정하면 솔직하게 의사를 전달할 수 없을 뿐 아니라, 상대방에게 주의를 기울이지 않게 되며 동의 철회가 진지하게 존중받을 것이라고 확신할 수 없게 된다.

동의 앱을 강간 문화가 완전히 해체될 때까지 사용할 실용적인 임시방편이라고 생각하면 간단할지 모른다. 그러나 득보단 실이 크다. 강간 문화가 전제하는 관념과 태도, 지배적인 성 각본과 성 역할, 성관계에 관한 신화를 적극적으로 재생산하는 것이 이런 앱이기 때문이다. 게다가 동의를 철회하려는 순간에 휴대전화를 가지고 있어야 하고, 법정에서 피해 사실을 입증하는 것은 그 앱을 사용하지 않았을 때와 다를 바 없이 어렵다는 점에서 사실상 성폭행 예방 능력 또한 전무하다. 폭행 증거나 계약법에 따라 가해자를 처벌하는 근거로 채택되는 경우도 아주 드물어서 사법 제도상의 구조적 문제를 해결하는 데는 실질적으로 기여하는 바는 없다고 할 수 있다.

동의 협상은 인간관계에서 일어나는 복잡하고 난해한 일이지만 법이나 계약의 문제는 아니다. 지금 집중해야 할 것은 신체적 자율권 존중을 근간으로 삼고 성관계를 단일한 형태로 규정하는 성 각본을 흔들고 해체하는 것이다. 성기 삽입뿐 아니라 모든 성적 행동에 동의를 구해야 하며, 어떤 대답도 들을 준비가 되어 있어야 하고, 상대방과 끊임없이 대화하며 동의가 유효한지 확인하는 것, 이것은 단지 시작일 뿐이다.

4장에서는 사회 구조와 권력이 어떻게 성관계와 동의에 대한 우리의 생각과 행동에 영향을 미치는지, 우리가 할 수 있는 일은 무엇인지 알아보고자 한다.

4장

성과 권력: 예스와 노 사이

원치 않는 성관계

3장에서 보았듯 성적 동의 협상은 때때로 까다로울 수 있다. 최상의 환경에서조차 그렇다. 즉, 협상 참여자가 상대방이 하고 있는 행동을 진심으로 좋아하는 경우, 모두가 타인의 신체적 자율권을 존중하고자 하는 경우, 모두가 서로의 소통 방식을 이해하고 있는 경우, 자신의 욕구와 사적 경계를 편하게 이야기하고 상대방이 이를 존중한다고 확신하는 경우에도 여전히 어렵다. 이외에 동의와 관련한 선택들에 영향을 주는 외부 요인이 또 있을까? 성관계가 무엇이고 어떻게 이루어지는지 배운 것들은 우리가 누구와 무엇을 어떻게 할지 결정하는 데에 어떤 영향을 줄까? '좋다'와 '싫다'를 정말 자유롭게 선택할 수 있는 걸까, 아니면 어느 하나를 선택하도록 하는 강압이나 권력이 있는 걸까?

'원치 않는 성관계'라는 아주 흔한 경험이 이런 질문들에 대한 관심을 불러일으키기 시작했다. 때때로 사람들은 종종 원치 않아도 성관계에 동의(법적 의미로)하곤 한다. 심지어 원치 않는 쪽이 먼저 성관계를 시작하기도 한다. 또 성적 욕구 때문이 아닌 다른 이유(일이어서, 임신을 위해서 등)로 성관계를 결심하기도 한다. 하지만 그중 대다수가 원치 않는 성관계는 강간이라고, 적어도 지극히 부당하다고 생각하지만 그럼에도 불구하고 동의한다.

원치 않는 성관계는 처음 만난 사이나 섹스를 목적으로 한

때때로 사람들은 종종 원치 않아도 성관계에 동의(법적 의미로)하곤 한다. 심지어 원치 않는 쪽이 먼저 성관계를 시작하기도 한다. 어째서 원치 않는 성관계에 동의하게 되는가?

만남이든 오랜 연인 사이든 관계의 깊이에 상관없이 보고되는 편이다.[1] 여성의 원치 않는 성관계에 주목하는 연구 보고가 많지만, 최근 남성 또는 논바이너리의 원치 않는 성관계 경험도 증가하고 있다. 원치 않는 성관계 사례가 많다는 사실이 밝혀지면서 신체적 자율권 개념에 대한 의문도 제기되고 있다.

어째서 원치 않는 성관계에 동의하게 되는가?

오래된 관계에서는 원치 않는 성관계를 '관계 유지'라는 말로 포장한다. 꼭 원하는 건 아니지만 상대방을 기분 좋게 해주거나 현재의 기분 좋은 상태를 유지하기 위해, 그리고 상대방도 자신을 위해 그렇게 해준다는 이유로 성관계를 하는 것이다. 한편, 가벼운 만남에서 원치 않는 성관계를 경험한 여성들은 사회에서 말하는 '성적으로 진보한 여성'이라는 관점에 영향을 받았다고 말한다. 마찬가지로 원치 않는 성관계에 대한 남성들의 이야기를 들어보면, 남자는 성관계에 적극적이어야 하고 항상 성관계를 원해야 한다는 사회적 기대에 압박을 받는다고 말한다. 성적 지향과 관계의 유형도 영향을 미친다. 예를 들어, 여성과 만나는 여성들은 그들 사이에서 성관계의 빈도나 횟수를 일정 수준 이상으로 유지하려고 의식적으로 애쓴다. 그 관계에서 로맨틱하고 섹슈얼한 성격이 사라지면 자신들의 관계가 우정과 다를 바 없다고 느껴지기 때문이다.

　이런 이야기들은 권력이 개인의 의도적 행위와 자율성을 어떤 식으로 제한하는지를 보여준다. 프랑스 철학자 미셸 푸코는 권력이 담론을 통해 작동한다고 주장한다. 즉, 우리가 어떤 것에 대해 말하는 방식이 세계관을 형성하고 행동을 결정한다는 것이다.[2] 서양 철학에서는 오랫동안 개인을 통합적 주체, 즉 일관되고 합리적이며 자율적이고 의도적 행위의 발현 능력이 있는 온전한 자아라고 생각해왔다. 하지만 페미니스트 이론가와 푸코 같은 포스트 모더니즘 철학자 들이 이런 가정에 의문을 제기했다. 이들은 '개인이 속한 사회 환경이 만들고 담론에 의해 **구성된** 분열되고 모순적인 주체'라는 다른 시각을 내놓았다.[3]

　페미니스트 이론가들은 푸코의 개념을 바탕으로 사회가 정한 아름다움의 기준이 어떻게 여성의 몸에 직접적인 영향력을 발휘하여 다이어트나 운동 열풍을 일으키는지를 분석했다.[4] 그리고 성, 섹슈얼리티, 성 역할에 대한 지배적 담론이 상호 합의한 성관계와 강간 사이의 스펙트럼에 성행위와 성적 접촉에 관련된 방대한 회색지대를 생산한다고 주장한다.

　한편, 내가 보는 나의 모습, 타인에게 보이고 싶은 나의 모습, 경험이나 욕구(또는 그런 것의 결핍)를 규정할 때 참고하는 자원들, 그리고 성관계로 치는 행위는 무엇이고 누가 성관계를 해야 하는지 등 이 사회에서 성관계가 의미하는 바가 무엇인지,

이 모든 것이 알게 모르게 선택의 폭을 좁힌다.[5] 권력은 단지 무언가를 그만하도록 하는 힘이 아니다. 지극히 '생산적인' 힘이다. 권력은 주체, 신체, 실천을 구성하고 생산한다. 또한 권력은 위에서 아래로가 아니라 사방으로 작용한다. 국가가 행사하는 힘만이 권력이 아니다. 권력은 경쟁적이고 모순적인 방식으로 서로에게 그리고 자신에게 행사되는 것이다.

이 장의 나머지 부분에서는 젠더, 성, 섹슈얼리티에 관한 담론이 권력이 되어 작동함으로써 어떻게 타인에게 영향력을 발휘하는 주체를 생산하는지, 그리고 성관계와 동의에 관한 의사의 행사와 신체적 자율권을 어떻게 **형성하는지** 살펴보고자 한다.

(이성애적) 성관계에 대한 지배적 담론들

어떤 것에 대해 말하는 방식이 그 세계를 이해하고 행동하는 양식을 결정한다면, 젠더와 성에 대해 말하는 방식이 동의에 대한 생각과 성과 관련한 실천에 상당한 영향을 미칠 것이다. 이성애적 성관계 및 남녀관계에 대한 통념을 연구한 페미니스트 심리학자 웬디 홀웨이는 성관계에 대한 사람들의 관점을 형성하고 성관계에서의 성 역할을 규정하는 담론을 세 가지로, 즉 남성 성욕 담론, 평생 소유 담론, 자유방임 담론으로 정리했다.[6] 이것들에 내재된 이성애 규범성이 분석의 가치를 떨어뜨리기는 하지만, 적어도 권력이 언술을 타고 우리 행동을 어떻게 제약하는지, 왜 원치 않는 성관계가 발생하는지 얼마간은 설명해준다. 그리고 성별화된 권력, 즉 남성과 여성에게 다르게 적용되는 권력의 작동 방식을 보여준다.

남성 성욕 담론

남성 성욕 담론은 남성에게 성관계(특히 파트너가 있는 이성애적 성관계)가 생물학적으로 필수적인 일이라고 이야기한다. 남성이 여성보다 성적 충동과 흥분을 제어하지 못한다는 말이다. 이는 곧 남성이 성적 자극을 받아서 한 행동에 대해서는 어느 정도 책임을 면제해주겠다는 선언과도 같다. 여성에게 남성의 성욕을 유발할 만한 옷차림은 피하라고 강요하는 것은 이 맥락에서다. 예를 들어 학교 복장 규정은 여학생에게 남학생의 주의를 흩뜨리지 않도록 몸을 가리라고 지시한다. 특정 옷차림에 대한 남학생들의 특정한 반응은 지극히 자연스럽고 남성적이라고 여겨지기 때문이다. 이런 규율은 남학생들이 일으키는 '불미스러운' 사건, 심지어 여학생을 괴롭히는 일에 변명거리를 제공해주는 동시에, 사건에 대한 비난의 화살은 여학생을 향하게 만든다. 여성의 옷차림이나 행동거지가 범죄를 부추긴다는 인식과 피해자에게 책임을 전가하는 태도는 남성 성욕 담론의 연장선상에 있다.

남성의 행동에 대한 책임을 여성에게 떠넘기고, 결과적으로 남성이 저지른 동의 위반에 대해 여성을 비난하는 남성 성욕 담론은 여성에게 말 그대로 나쁜 영향을 끼친다. 하지만 남성에게도 해롭기는 마찬가지다. 이 담론은 남성이 끊임없이 이성애적 성관계를 원한다고 보기 때문에 단지 서로 호감을 느끼는 단계에서 결국 남자는 섹스를 원하며 계속 섹스를 하려고 시도할 뿐이라고 생각하게 만든다.

여기에 우정이나 업무적 관계에 대한 여지는 전혀 없다. 성적인 것이 아닌 정서적 유대감을 위한 자리도 없다. 또한 이 담론은 '남자 됨'과도 깊이 연관되어 있어서 아무런 감정 교류 없이 몇 명의 여자와 잤는지가 남자의 자존심의 상징이 된다. 하지만 일부 남성은 성관계를 원하지 않을 때, 그리고 다른 종류의 유대 관계나 경험을 원하는 상황에서 '남자다움'과 남성 성욕에 대한 인식 때문에 반드시 성관계에 동의해야 하거나 먼저 성관계를 시작해야 한다는 압박을 받는다고 말한다.

평생 소유 담론

성과 관련된 개인의 행동 양식에 영향을 주는 '평생 소유'(have/hold) 담론은 이성애적 성관계와 인간관계에 관한 또 하나의 사회 지배적 관념을 반영한다. 성공회 기도서에서 유래한 기독교 혼인 서약서의 전통적 문구('평생 함께하는'[to have and to hold])를 따서 이름을 붙인 이 담론은, 여성은 남성보다 성관계에 관심이 적은 반면, 장기적이고 안정적인 애정 관계에 강하게 끌린다고 말한다. 그리고 성관계는 반드시 혹은 대부분 그런 관계에서만 가능하며 이를 보장할 책임은 여성에게 있다고 말한다. 캐주얼 섹스를 즐기는 등 오랜 애정 관계의 틀 밖에서 성관계를 맺은 여성들은 '음탕한 여자'로 낙인찍히는 등의 사회적 결과를 감수해야만 한다. 만약 '그런' 여성이 강간을 당한다면, 평소 행실이 부도덕하고 여자답지 못했다고, 전부 자초한 것이라며 비난받을 것이다. 법이라고 다르지 않다. 강간 피해자의 성관계 이력이 불기소 사유가 되기도 하고, 피해자 주장의 신빙성을 떨어뜨릴 목적으로 재판에서 제시되기도 한다.

남성 성욕 담론과 평생 소유 담론은 부분적으로 기독교 사상에 뿌리를 내리고 있다. 미국의 복음주의는 이 두 담론의 극단적 형태를 교리로 (재)승격해 받들어왔다. 이는 복음주의 공동체 내에서 벌어진 조직적인 성적 학대의 원인이 되었고, 이 사실이 '처치투'(churchtoo) 해시태그 운동으로 소셜 미디어에 알려졌다. 복음주의 공동체 사례를 살펴보면 두 담론이 사회 일반에서 어떻게 작동하고, 강간 문화를 뒷받침하는지 알 수 있다.

복음주의 교리는 남성의 성욕(또는 욕정)은 통제할 수 없고 결코 충족되지 않으며, 여성은 성행위에 관심이 덜하거나 전혀 없다는 통념을 전적으로 수용함으로써 여성에게 성관계 '문지기'(gatekeeper) 역할을 맡겼다. 따라서 혼인 관계 바깥에서 이루어진 성관계를 죄악으로 간주하고 그 책임을 여성에게 지웠다. 공동체 안에서 여성은 어려서부터 남성에게 복종하도록 교육받았고 교회 간부도 맡을 수 없었다. 학대 가해자에게 이상적인 환경을 교회 제도와 교리로 뒷받침한 셈이다. '탈복음주의' 운동이 점점 확산되면서 이런 추측은 명백한 사실로 밝혀졌고, 헤아릴 수 없이 많은 피해 사실이 폭로되었다. 청년회 간부부터 유명 스타 전도사에 이르기까지 학대에 가담하지 않은 남성 신도가 없을 정도였다.

학대 성향의 남성은 교회 내에서 권위를 획득하는 순간 학대를 일삼았고, 학대 사실이 알려지면 교회는 조직적으로 피해자를 비난했다. 피해 여성들은 '문지기'로서 임무를 다하지 못한 자신이 죄인이라고 믿었다. 학대범들은 여성들의 학습된 죄책감을 이용해 피해자들이 더욱 수치심을 느끼게 하고, 그렇게 함으로써 도움을 구할 생각조차 할 수 없게 만들었다. 피해자들이 도움을 청하면 교회는 도리어 학대범을 감싸면서 피해자를 다그쳤으며, 학대범과 결혼하는 것이 해결책이 될 수 있다고 말하기까지 했다.

남성 성욕 담론과 평생 소유 담론은 복음주의 교리 및 제도와 극단적으로 결합되어 심각한 피해를 낳았다. 여성의 자존감은 성적 순결과 남성에 대한 복종이 뒤섞인 교리에 구속되었고, 그 결과 학대를 당하고도 이러지도 저러지도 못하는 상황에 고립되었다. 복음주의 교회는 미국 안팎으로 영향력이 상당해서, 이들의 '순결 문화'는 수십 년 동안 신도 모집 수단으로 전파되었다. '금욕' 프로그램(교회 내 유일한 성교육)을 개발하며 미국 전역 학교에서 교육하면서 남성 성욕 담론과 평생 소유 담론을 재생산하고 청소년들 사이에 강간 문화를 조장해온 셈이다.[7]

자유방임 담론

1960년대에 등장한 자유연애, 성적 표현 같은 개념과 맞물려 있는 자유방임 담론은 남성 성욕 담론과 마찬가지로 성관계와 섹슈얼리티가 본능적이고 생물학적인 문제라고 가정한다. 얼핏 보기에 앞서 설명한 담론들보다는 덜 남성 중심적인 듯하다. 실제로 이 담론은 성적 표현은 성별과 상관없이 정당하며, 자신의 섹슈얼리티를 탐구하고 표현하는 것을 권장하기 때문에 겉으로 보기엔 무해하다. 하지만 다른 사회적 관념들과 상호 작용하면서 자유방임 담론 역시 다른 담론들만큼이나 강력하고 잠재적으로 해로운 방식으로 작용한다.

성 해방론, 개인 책임론 등 비교적 최근 이론들과 결합한 자유방임 담론은 여성도 캐주얼 섹스에 거리낌이 없어야 한다고 압박하는데, 이는 1980년대 이래로 힘을 키워온 신자유주의와 결이 잘 맞는다. 신자유주의는 개인주의, 행위자 자신, 개인의 책임을 강조하고 이를 기준으로 인간을 평가하며, 삶의 모든 부분에서 끊임없이 자기 계발에 힘쓰는 기업가적 인간을 이상으로 여긴다. 인간은 구조적, 사회적 제약 없이 거의 무한한 선택권을 가지고 자신의 행동을 자유롭게 결정할 수 있으며, 그 결정에 대한 모든 책임은 개인이 진다는 것이 신자유주의의 핵심 가정이다.

신자유주의는 우리 일상에 자연스럽게 녹아 있다. 스트레스, 정신 건강, 일과 삶의 균형에 대해 어떤 대화를 나누는지 곰곰이 생각해보자. 대개 사람들은 자기 건강은 자기가 잘 챙겨야 한다고 말하면서 산책이나 운동을 권하고, 너무 늦게까지 일하지 말고 잘 먹는 것이 중요하다고 조언한다. 일과 삶의 균형을 관리할 모든 책임은 자기 자신에게 있다고 말하는 것, 그것이 신자유주의다. 여기엔 우리에게는 더 나은 삶을 위한 행동을 결정할 능력이 있다는 가정이 숨어 있는데, 이는 여전히 문제를 겪고 있다면 그것은 잘못된 결정을 한 우리 자신에게 잘못이 있다는 소리다. 당연히 개인의 통제력을 넘어서는 구조적 요소들은 간과된다. 하지만 임금이나 인사고과 때문에 일하는 시간을 줄이지 못할 수 있고, 생계를 유지하기 위해 일을 여러 개 하느라 운동할 시간이 없을 수도 있다. 또 시간이나 돈의 제약 때문에 식사를 제대로 챙기지 못할 수도 있다. 그럼에도 신자유주의는 모든 책임을 개인에게 전가함으로써 구조적 착취와 억압을 은폐한다.

신자유주의 사상이 성적 동의에 미치는 영향도 이와 비슷하다. 자유방임 담론에서 자기 계발이란 결국 섹슈얼리티 표현과 탐구이며, 따라서 개인은 이것의 실천인 성관계를 추구해야 한다는 압박을 느끼게 된다. 또한 성관계는 개인의 자유로운 선택의 결과이므로(그리고 사회적 요인과 구조적 압력은 무시되므로) 책임 또한 오롯이 개인의 몫임이 강조된다.

원하지 않았지만 합의하에 성관계를 한 젊은 여성 대부분은 책임은 자신이 진다고 단언하며, 자신이 성적으로 자유롭고 자기 계발을 추구하는 사람이라고 주장하면서 자유방임 담론에 올라탄다.

원치 않는 성관계를 연구한 보고서에서 한 여성은 본인이 경험한 다수의 원치 않는 성관계를 "아주 멋진 일"로 표현하며, 그 경험들을 통해 뭔가를 배웠다고 느낀다고 말한다.[8] 이처럼 자유 방임 담론은 원치 않는 성관계를 거부할 이유를 없애는 한편, 그에 대한 책임은 오직 개인에게만 부과되도록 유도한다.

모순된 압력

오랜 세월을 거쳐 구성된 담론들의 내용은 서로 일관되지 않는다. 평생 소유 담론과 남성 성욕 담론은 자유방임 담론보다 낡은 섹슈얼리티 개념에 기반을 두고 있다. 그리고 세 담론이 사회 여러 분야에 똑같은 비중으로 영향력이 있는 것도 아니다. 하지만 구석구석에 똬리를 틀고 숨어 있다. 담론들 간의 모순은 특히 여성에게 모순된 압력을 가한다. 여성은 남성의 성적 욕구를 아예 자극하지 않거나 아니면 그 욕구를 충족시켜야 할 책임이 있고, 옳다고 여겨지는 조건에서만 성관계가 이루어지도록 관리하는 '문지기'가 되어야 하며, 동시에 자신의 섹슈얼리티도 적극적으로 표현해야 한다. 이 담론들은 여성과 남성을 대립된 위치에 세워놓고, 자신에게 주어진 모순된 요구들을 균형 있게 수행하지 못한 여성들에게는 비난을 퍼붓고 남성들에게는 성관계 외에 친밀감을 느끼는 행동이나 정서적 유대감에 대해 탐구할 기회를 거의 주지 않는다.

그렇다면 이제 성관계란 누가 무엇을 하는 것이며, 어떻게 진행되는 것인지를 지시하는 담론은 어떻게 구성되어 있는지 살펴보자.

지배적 담론에 근거한 성 각본

섹슈얼리티를 각본 이론이라는 렌즈를 통해 들여다보면 성관계의 의무적 절차라고 가정했던 것들을 더 면밀히 살펴볼 수 있다.

상징적 상호작용론의 흐름 안에서 1970년대에 등장한[9] 성 각본 이론은 당시에 지배적이었고 지금도 강력한 두 가지 성 관념에 대한 반발이었다. 첫 번째는 성관계와 섹슈얼리티는 생물학적 본능으로만 설명할 수 있다는 관념이다. 이것은 남성이 생물학적으로 이성애적 성관계에 대한 충동에 사로잡혀 있다고 보는 남성 성욕 담론에도 반영되어 있으며, 좀 더 간접적인 형태이긴 하지만, 여성들이 장기적이고 안정된 관계를 선호하도록 진화했다고 주장하는 진화심리학에서도 발견된다.

성 각본 이론은 또한 정신분석학적 접근(사회적 요구 및 제약과 성적 충동 사이의 관계를 분석한 프로이트 이론을 따르는)에 이의를 제기했다. 정신분석학도 성관계를 생물학적 문제로 보지만, 한편으로는 사회적 관계에서 겪는 충돌과 연관 지어 설명하기도 한다.

이와 대조적으로, 사회학적 접근에서는 성이 전적으로 또는 대체로 생물학적 문제가 아니며 사회 현상이라고 주장한다. 성관계를 **실행하는** 방식은 사회 구조와 성관계에 대한 인식에 의해 결정될 뿐이다. 누가 무엇을 어떻게 하는 것이 성관계인지에 대한 생각은 시대와 문화에 따라 천차만별이다. 이것은 성행위(최소한 성행위라고 단정할 수 있는 핵심 요소)가 실제로 사회와 문화의 영향으로 구성된다는 사실을 증명한다. 한마디로 이 모든 것이 담론에 의해 생산된다. 성 각본은 무엇을 성관계(에로틱한 것)라고 간주하는지, 누가 무엇을 해야 하고, 어떤 환경에서 어떤 순서로 이루어져야 하는지에 관한 생각들의 집합이다. 적절한 각본이 없다면, 성적 상황이라 할 만한 요건(사적 공간, 마음이 끌리는 파트너, 옷을 벗은 상태 등)이 갖춰졌어도 사람들은 이것이 성관계로 발전할 수 있는 단계라고 인지하지 못할 것이다.

현재의 성 각본은 매우 성별화되어 있고, 시스젠더 이성애자 중심이다. 성관계는 한 명의 시스젠더 남성과 한 명의 시스젠더 여성 사이에 이루어지는 성기 결합으로 정의하는 것이 일반적이며, 남성은 적극적인 개시자이고 여성은 수동적인 문지기로 위치지워진다. 그리고 보통 키스와 터치로 시작해서 시스젠더 남성의 사정으로 끝나는 일련의 과정을 성관계라고 상정한다. 콘돔 사용 여부나 관계의 깊이 등은 개인차를 보이겠지만, 각본의 큰 틀은 변하지 않는다.

이 패러다임 밖에 있는 자신을 상상하는 것은 의식적인 노력을 요한다. 파트너가 있다면 특히 더 어렵다. 성 각본은 우리의 욕구와 행동을 이렇게 획일적인 틀 안에 가둔다. 만약 지배적 각본에 완전히 빠져 있고, 그것이 성관계에 대해 가지고 있는 유일한 개념이라면, 그 외에 다른 모습을 상상하는 것조차 힘들 것이다. 강간을 당할 뻔한 경험이 있는 피해자에게 이 각본은 트라우마이지만, 다른 대안이 없다면 앞으로 파트너와 성관계를 할 수 없게 되거나 힘든 마음을 참으면서 하는 수밖에 없을 것이다. 더 마음에 드는 대안 각본을 어렵사리 찾았다 해도 이를 함께 시도해볼 사람을 찾기는 쉽지 않을 것이다. 이 경우 성적 동의 협상에서 자신의 의사를 표현하고 신체적 자율권을 행사할 수 있는 범위는 실질적으로 제한된다.

로맨스와 성관계는 한 세트인가?

성 각본은 성, 인간관계, 동의에 대한 인식에 영향을 미치는 다른 담론들과 상호 작용한다. 일례로, 성적 관계와 로맨틱한 관계를 한 세트로 취급하는 각본 내용엔 평생 소유 담론이 녹아 있다. 이 가정은 1960년대부터 자유방임 담론의 득세로 약해지긴 했지만 완전히 해체되진 않았다. 성적 관계는 로맨스를 동반할 수도 있지만, 꼭 그래야 하는 것은 아니다(그 예로 캐주얼 섹스를 위한 만남, 성관계만 합의한 지속적 만남 등이 있다). 그럼에도 여전히 로맨틱한 관계는 성적 관계를 수반해야 한다는 인식이 지배적이다. 로맨스와 섹스의 결속을 약화하려는 시도는 십수 년 전 출현한 무성애(asexual) 운동에서나 찾아볼 수 있다.

성적 관계가 로맨스 관계의 필수 구성 요건이라는 인식은 관계를 오래 유지하려면 원치 않는 성관계에도 동의해야 한다고 압박한다. 부부 사이에 '스파크'를 유지하는 비법을 알려주는 섹스 칼럼들은 여지없이 이를 반영한다. 실제로 관계가 오래될수록 점점 섹스에 관심이 없어진다고 말하는 이가 많은데도 말이다(아이가 생기는 등 환경이 바뀌면서 그러기도 한다). 섹스 없는 애정 관계에 완전히 만족하는 사람들도 점차 성적 관계를 유지해야 한다는 압박을 느끼고, 결국 섹스는 관계 유지용 수단으로 변질된다.

한편, 지배적 성 각본 안에서 로맨스 요소와 그렇지 않은 요소를 어떻게 규정하느냐가 동의를 협상하고 신체적 자율권을 행사할 수 있는지, 그렇다면 어떻게 가능한지에 영향을 미친다. 성적 관계가 캐주얼 섹스를 즐기던 관계에서 좀 더 약속된 애정 관계로 바뀌면 성관계 습관, 특히 성 건강과 관련한 습관을 바꾸는 경향이 있다. 약속된 애정 관계는 곧 독점적인 성관계를 뜻하고, 그래서 서로 조심해야 할 부분이 성병 예방에서 임신 방지로 옮겨 간다. 남성과 만나는 시스젠더 여성은, 남성에게 임신 방지의 책임을 부과하는 콘돔과 기타 차단 피임법(정자가 자궁에 들어가지 못하게 막는 피임법)은 면제해주고, 대신 여성이 챙겨야 하는 호르몬 피임법으로 넘어가야 할 것 같은 압박에 시달린다.[10] 호르몬 피임의 부작용과 성병 노출 등의 위험에 노출되는 건 결국 여성이다.

비장애, 유성애, 시스젠더, 이성애 규범을 따르는 각본

지배적 성 각본은 서로 다른 성별을 가진 시스젠더 두 사람을 전제하고 엄격한 역할 구분과 일련의 사건들을 규정하고 있기 때문에 레즈비언, 게이, 양성애자, 트랜스젠더, 간성인, 무성애자, 에이로맨틱(타인에게 애정적 끌림이나 연애 감정을 느끼지 않는 사람—옮긴이), 그리고 그 밖에 유성애자-시스젠더-이성애자가 아닌 사람은 모두 기존 각본의 주인공이 될 수 없다. 이는 때때로 흥미로운 결과로 이어지기도 하는데, 따를 각본이 없다는 것은 함께 탐색하고 열린 대화를 할 수 있다는 뜻이고, 따라서 파트너와 나만의 각본을 만들 수 있기 때문이다. 그렇다고 기존 각본이 사라지는 것은 아니어서 여전히 사람들은 한쪽으로 쏠리고 각본 바깥에 놓인 사람들을 힘들게 한다.

　장애가 있는 사람들은 지배적 성 각본에서 두 가지 방식으로 제외된다. 우선, 장애가 있는 사람들은 그들이 성적 욕구가 없고 성적 끌림을 경험하지 못하며 성관계를 하지 않을 것이라는 인식에 의해 배제된다. 물론 무성애자인 장애인이 있을 수 있지만, 장애와 무성애가 반드시 연관성이 있는 것은 아니다. 성적 끌림을 경험하고 성관계를 하는 장애인은 많다. 하지만 지배적인 성 각본이 지시하는 바를 그대로 실행에 옮길 수 없는 장애인이 각본에서 배제된다는 사실은 바뀌지 않는다. 그들은 아예 이 틀을 벗어나 자신들의 관계에서만 통하는 각본을 새로 쓰거나 섹슈얼리티의 대안적 표현을 응원하고 지지하는 포용적인 커뮤니티를 찾는다.[11]

각본의 세 가지 수준

이처럼 배제된 사람들의 존재는 성 각본이 보편적이지 않다는 사실을 방증한다. 누군가는 애당초 각본에 들어갈 수 없고, 또다른 누군가는 각본 내용과 잘 맞지 않는다. 이에 대해 각본을 세 가지 수준으로 나누자는 제안이 나온다. 지금까지 논의한 '지배적' 각본이 '문화적' 수준에 해당한다면, 개인적 수준(내가 섹시하다고 느끼는 것, 내가 원하는 섹스 방식)과 대인 수준(파트너와 협의한 것으로, 문화적 수준과 개인적 수준의 각본이 뒤섞여 있다)의 각본이 있다는 것이다. 그러니 문화적 수준의 각본이 상정하는 비장애, 시스젠더, 유성애, 이성애 규범에 꼭 들어맞는 사람도 이처럼 뚜렷이 분리되는 각기 다른 차원의 각본을 가지고 있는 셈이다.

우리의 의지를 발현하고 신체 자율권을 행사하며 동의가 의미 있어지려면 각 수준 사이의 결절점을 해결하고 협상하는 것이 중요하다. 연구자들은 세 가지 전략이 있다고 말한다.[12] 개중에는 신체적 자율권을 실행하고 지배적인 담론 구조를 흔드는 데 일조하는 전략도 있다. 첫 번째 전략(일까 싶지만)은 '순응'이다. 문화적 각본이 나와 맞지 않아도 따르는 것으로, 원치 않아도 성관계에 동의하며, 선호하지 않지만 남녀 성기 결합이라는 설정을 수용하는 경우를 일례로 들 수 있겠다. 지배적인 성 각본은 존재만으로도 확실하고 내정된 섹스 방식을 구성하며 개인의 욕망과 행동을 조종한다.

두 번째 전략은 '예외 두기'이다. 이는 문화적 각본을 받아들이면서 나와 맞지 않은 부분을 찾는 것에서 시작한다. 내가 파트너와 맺은 관계나 나의 젠더가 '표준'이라고 여겨지는 것과 다르다면, '각본엔 없는' 성적 행동을 하면서 개인적인 만족을 느낄 수 있다. 각본에 대한 근본적인 문제 제기는 없지만, 개인 차원에서는 신체적 자율권을 행할 수 있는 효과적인 전략이다.

마지막 전략은 문화적 수준의 각본 자체를 갈아엎는 것이다. 자기만족을 위한 예외를 두는 데에서 더 나아가, 뜻을 같이하는 커뮤니티를 찾고 이미 정해진 각본과 성적 관행에 깔린 가설들을 논파하는 대화에 참여하고 분별력을 키워갈 때 가능한 일이다. 지금까지 페미니스트, 무성애자, 퀴어, 장애인 그리고 몇몇 BDSM 커뮤니티가 이런 일련의 도전을 성공적으로 이끌어왔고, 실제로 기존의 성 각본과 성 역할에 대한 인식을 바꾸는 데 기여했다. 제한적이고 부분적인 성과만 거둘 때도 있었지만, 이 운동들의 여파는 결코 작지 않았다. 이제 사람들은 점차 자신의 삶을 조종하는 권력에 도전할 수 있게 되었을 뿐 아니라, 좀 더 분명한 태도로 다른 대안을 찾아 나서고 자기 안의 다양한 욕구를 인식하고 실천하기에 이르렀다.

각본을 개인, 대인, 문화 수준으로 나누고, 각 수준의 각본 간 차이를 해소하는 방향으로 협상을 해나가는 것은 지배적인 성 각본의 장기적 변화를 이끄는 핵심 메커니즘이다. 사람들은 파트너들에 따라서, 아니면 생애 주기의 어느 시점에 있느냐에 따라서 다른 전략을 채택할 수 있다. 이렇게 각자의 자리에서 규범화된 각본에 도전한다면, 사회 구조 및 담론이라는 더 큰 제약 안에서 독창성과 신체 자율권, 유의미한 동의를 위한 공간을 열어젖힐 수 있을 것이다. 더 나아가 문화 차원의 변화를 일으킬 수도 있다. 1980~90년대 에이즈 확산 이후 성 각본에 '안전한' 성관계 내용이 포함되었고, 2010년대 미투 운동이 '동의'에 관한 변화의 바람을 불러온 것처럼 말이다.

정체성과 동의

앞서 보았듯 권력은 담론을 통해 대상을 '구성'함으로써 작동한다. 특정 집단을 두고 말하는 방식과 사회적 태도가 그들의 정체성을 형성하며, 어떤 선택을 하도록 유도하고, 섹스와 관련된 행동 또한 결정짓는다.

그 효과는 분명하다. 트랜스젠더가 자기 젠더에 맞는 공중 화장실을 이용할 권리로 '시끄러워지는' 사회 분위기만 봐도 알 수 있다. 트랜스젠더를 둘러싼 이야기(당사자가 원치 않는 성별로 지칭한다든가 정체성 자체를 부정하는 말 등)들은 아주 구체적인 폭력으로 작용하고 있다.

대상이 범위가 넓을수록 개개인은 권력의 작동을 인지하기 어려우며 은근하게 억압되고 조종된다. 모든 남성은 항상 섹스를 원하고 다른 유의 친밀한 관계를 맺는 데 어려움을 겪는다는 확신을 심은 남성 성욕 담론이 일례가 될 수 있다. 사회가 개인을 권력의 대상으로 구성하는 방식은 개인의 자아 인식에 영향을 미치며, 이는 우리가 선택할 수 있는 것이 무엇인지를 결정짓는다.

소수자 정체성이 교차하는 지점에서 이 효과는 더 심각해진다. 여성, 흑인, 퀴어, 장애인 등 복수의 소수자 정체성을 가진 이에겐 더 강한 압박이 가해진다.[13] 이어지는 내용에서는 소수자에 대한 일반적 인식이 어떻게 그들의 성과 동의 문제에 영향을 미치는지 살펴보고자 한다.

무성애자

타인에게 성적 끌림을 느끼는 것이 '정상적'이며 '인간'의 본성이라고들 한다. 남성 성욕 담론과 자유방임 담론은 섹스와 성적 끌림이 자연적이고 생물학적이며 정상적인 인간 생활의 일부라고 가정하고 있다. 하지만 모든 사람이 성적 끌림을 느끼지는 않으며, 똑같은 방식으로 느끼지도 않는다. 그런데도 성적 매력을 못 느끼는 사람은 뭔가 문제가 있는 것이며, 이는 일종의 병(病)이어서 치료를 받거나 운명의 상대를 만나면 나아진다고 여겨진다.

수많은 활동가와 무성애자 온라인 커뮤니티의 활약과[14] 학자들의 기여로, 지난 10~15년 동안 '무성애'는 데미섹슈얼리티(demisexuality)나 에이로맨티시즘(aromanticism)처럼 '퀴어'라는 넓은 카테고리 안에서 섹슈얼리티의 한 가지 형태로 등장했다. 무성애자 운동 진영에서는 '모든 인간은 성적 끌림을 느끼는 유성애자다'라는 가정이 무성애자의 신체적 자율권을 제한한다고 주장한다.

무성애는 성교육과 (결정적으로) 대중문화에서 전혀 다뤄지지 않는다. 이런 현실에서 무성애자 커뮤니티라도 만나지 못하면, 그들은 자신을 설명하고 자기 삶을 이해하기 위한 언어와 이론을 접할 기회가 없을 것이다. 여기에 모든 사람은 유성애자이므로 때가 되면 순리에 따라 성관계를 해야 한다는 기대가 겹

쳐지면, 무성애자여서 원치 않는데도 성관계를 해야 할 수 있다. 어느 무성애자 평론가는 무성애자라고 밝히기 전 성관계 경험에 대해, 합의한 섹스였음에도 불구하고 "마치 특정할 수 없는 어떤 존재에게 강간당하는 듯했다"라고 밝히기도 했다.[15]

강박적 성애

현실에서 버젓이 작동 중인 이런 담론과 시스템을 설명하기 위해 '강박적 성애'(compulsory sexuality)라는 개념이 고안되었다.[16] 강박적 성애는 각종 담론들, 인식들, 관행들을 한마디로 압축한 개념어다. 성적 끌림은 자연스러우며 모든 인간이 경험하는 것이라는 인식, 충만한 삶을 영위하고 타인과 적절한 방식으로 관계를 맺기 위해 성적 끌림은 필수적이라는 인식, 성적이고 로맨틱한(그 외 모든) 끌림은 반드시 함께 한다는 인식이 전부 강박적 성애에 해당한다. 강박적 성애 개념이 자리 잡으면서 그 안에 포함된 몇몇 가정은 무성애자 운동을 통해 해체되고, 꼭 연관되는 것은 아닌 서로 다른 끌림(성적, 로맨틱, 심미적 등) 유형들이 발전될 수 있었다. 또한 무성애 및 에이로맨틱 범주에 속하는 사람들은 자신의 섹슈얼리티와 동의 문제를 말할 힘을 얻게 되었다.[17]

그리고 강박적 성애 개념은 '무성적'으로 여겨지는 집단 또는 몸의 존재를 드러내고 동의 문제와 관련된 그들의 경험을 다 각도에서 설명하는 데 일조한다. '유성애'와 '정상성' 또는 '인간 본성'의 결합은 곧 '탈성애화'(desexualization) 담론이 특정 집단을 통제하는 수단이 될 수 있음을 뜻한다. 사회적으로 '무성적' 집단은 비정상이며, 일탈적이고, 무언가 부족하다고 단정되는 데, 이런 논리가 노인과 장애인, 아시아인, 비만인에게 더욱 강하게 작용하는 현실을 지적하는 연구는 매우 많다.[18]

  탈인간화, 타자화와 연관된 탈성애화 담론은 '무성적'으로 분류된 사람들의 일상과 성생활에 반하는 지렛대 역할을 한다. 탈성애화를 겪은 사람은 자신의 섹슈얼리티를 '입증함으로써' 이에 대응해야 한다고 느끼며, 그렇게 느끼도록 하는 사회의 압력이 존재한다. 예를 들어 대중매체에서 뚱뚱한 여성을 다루는 방식을 살펴보자. 한 남학생에게 성적이면서 로맨틱한 관심을 받은 뚱뚱한 여학생은 관심 자체를 고마워하면서 그가 요구하는 것은 무엇이든 들어주는 캐릭터로 그려진다. 마치 뚱뚱한 여성이 탈성애화 상황을 벗어나려면 그렇게 해야 한다는 듯 말이다. 현실에서도 사정은 마찬가지다.

  여성의 섹슈얼리티가 남성을 향하지 않는 것을 무시하고 폄하하는 경향 또한 탈성애화와 관련이 있다. 여성 양성애자가 여성을 만나는 것보다 남성을 만나는 것이 더 정당하며, 그것이 더 본질적인 섹슈얼리티라고 여기는 것이 한 예다. 그래서 여성 파트너를 둔 여성은 이런 인식에 맞서 성관계 빈도에 더 신경 쓰고, 원하든 원하지 않든 욕망을 자극하고 규칙적인 섹스를 하려고 노력한다고 말한다. 섹스는 친밀함의 척도일 뿐 아니라 사귀는 사이라는 것, 내가 레즈비언 또는 양성애자라는 것을 계속해서 증명하는 것과도 관련이 있기 때문에 자신의 관계와 정체성을 지키는 차원에서 원치 않아도 성관계를 해야 한다는 압박을 느낄 수 있다.

한편, 과도하게 성애화되거나 페티시즘의 대상이 되는 집단도 있다. 흑인, 아시아 여성, 양성애자의 경우가 그러하다. 과잉성애화는 탈성애화만큼이나 성과 관련한 개인의 행위에 악영향을 미친다. 이들은 성폭력에 더 쉽게 노출되며, 피해자로서 증언할 때 신뢰받지 못하고 더 심하게 비난받는 경향이 있어 재판까지 가기도 어렵다.[20]

완전한 자율권은 가능한가?

성, 젠더, 동의에 관한 담론은, 개개인의 성적 결정을 형성하는 사회적 힘이 주변화한 담론의 대상들과 얽히고설켜 있다. 남성은 다른 관계를 배제한 채 성관계에만 목매달게 하고, 여성은 각종 모순된 요구를 중재해야 하는 불가능한 임무를 수행하게 한다. 모두가 정해진 대로 섹스를 해야 한다는 강박에 빠지고, 이 각본에 맞출 수 없는 사람은 각본에서 완전히 제외된다. 인간이 인간답게 살고 서로에게 의미 있는 관계를 만들어나가는 것과 섹슈얼리티는 너무나 붙어 있어서 탈성애화와 과잉 성애화 담론은 권력의 도구가 된다. 이것이 자신의 섹슈얼리티를 입증해야 한다는 압박에 시달리거나 상대적으로 성폭력에 더 많이 노출되는 소수자 집단이 생산되는 이유다.

이처럼 권력의 미세한 작동 원리를 살펴봄으로써 우리는 원치 않는(하지만 법적으로는 동의한 것으로 볼 수 있는) 성관계가 젠더 스펙트럼 전체에 걸쳐 그리고 관계의 경중에 상관없이 굉장히 일반적으로 발생한다는 사실을 알게 되었다. 또한 개인의 선택과 행동에 사회가 얼마나 큰 영향을 미치는지도 알았다. 권력이 젠더 차원에서 오직 한 방향으로만, 즉 남성이 여성을 억압하는 방향으로만 작용한다고 말할 수 있다면 차라리 문제는 간단해진다. 실제로 일부 래디컬 페미니스트는 이런 입장을 취하기도 한다.**21** 하지만 이 장에서 살펴본 대로 현실은 너무나 복잡하다. 권력은 다각적이고 다차원적이다. 그리고 명백히 자율적인 개인의 선택을 가려내기란 사실상 불가능하다. 몇몇 페미니스트 철학자는 자율권을 말할 때 사회적, 물리적 환경 같은 외부 요소뿐 아니라 의존성과 대인관계 요소를 고려하자고 제안한다. 큰 틀에서 '관계적(relational) 자율권'이라고 이름 붙일 수 있는 이 접근법을 통해 우리는 타인과의 관계와 사회적 조

인간이 인간답게 살고 서로에게 의미 있는 관계를
만들어나가는 것과 섹슈얼리티는 너무나 붙어 있어서
탈성애화와 과도한 성애화 담론이 권력의 도구가 될
수 있는 것이다. 이것이 자신의 섹슈얼리티를 입증해야
한다는 압박에 시달리거나 상대적으로 성폭력에 더
많이 노출되는 소수자 집단이 생산되는 이유다.

건이 개인의 자율권을 어떻게 제한하고 증대시키는지 알 수 있다.[22] 그렇다면 '관계적 자율권'은 성적 동의에서 다루는 자율권 개념과 어떻게 연관될까? 내가 '예스' 또는 '노'라고 대답하는 순간에, 아니면 파트너가 '예스' 또는 '노'라고 대답하는 순간에 이것은 어떤 의미일까? 고민해볼 문제다.

'노'는 아무리 간접적으로 표현되었다고 해도 '노'라는 뜻이며 무조건 따라야 할 의무가 있다. 나와 파트너의 성적 결정을 좌우하는 권력이 작용하고 있다는 것을 알고, 여기에 공모하지 않기 위해 의도적으로 노력해야 한다. 더 나아가 이 권력에 도전해야 한다. 억압과 소외의 칼날에 민감해지자. 성 각본을 완전히 새로 쓰고 지배적 담론을 해체함으로써 기울어진 운동장을 바로잡아야 한다. 구체적인 실천 방안은 파트너에 따라, 각자가 처한 상황에 따라 다를 것이다. 다음 장에서는 이미 변화를 위해 애쓰고 있는 사람들의 활동을 소개하고자 한다.

5장

대중문화에 묻는다

대중매체가 곧 성교육 자료

성과 동의를 어디에서 배울까? 대다수 사람이 받은 성교육 내용은 언제나 한심할 정도로 부족했다. '성교육 포럼'이 발표한 2016년 보고서에 따르면, 영국 내 학교에는 성적 동의(이론이든 실생활 속 상황에 대한 논의든)와 관련된 정규 교육이 마련돼 있지 않으며, 영국 청소년의 3분의 1은 이 주제로 교육받은 적이 없다고, 약 50퍼센트는 폭력적인 관계와 건강한 관계를 구분하는 법을 배우지 않는다고 답했다.[1] 미국은 상황이 더 나쁘다. 성교육에서 '결혼 전에는 자제할 것' 말고 무엇을 더 가르쳐야 할지 헤매고 있고, 동의 문제는 논의선상에 오르지도 못하고 있다.

'그 이야기'를 편하게 하는 부모도 있지만 대다수는 그렇지 않다. 청소년들은 부모가 성교육에 더 신경 써주길 바랄지 모른다. 성에 관한 지식을 부모에게서 얻고 싶어 할 수도 있다.[2] 부모 또한 자녀와 이 주제로 더 많이 대화하고 더 능숙하게 도와주고 싶어 하지만, 방법을 잘 모르고 자신이 없다고 이야기한다.[3] 실제로 부모가 알려주는 피임과 안전한 성생활에 관한 정보는 부정확하거나 철 지난 지식일 때가 잦다.[4] 그리고 동의 개념과 실천에 관해 부모가 자녀보다 더 잘 안다는 보장도 없다.

물론 학교를 떠나고 성인이 돼서도 성과 동의에 대해 고민한다. 하지만 성인을 대상으로 하는 섹스 칼럼이나 성 조언 책들은 여전히 동의 문제에 침묵한다.

성관계의 정의, 동의의 의미, 안전한 섹스하는 법
등 우리가 가진 많은 지식은 우리를 둘러싼 문화적
환경에서 생산된 것이다. 친구에게서 듣기도 하고
인터넷 검색으로 알기도 한다. 물론 연령에 상관없이
가장 파급력 있는 성교육 매체(특히 성 각본과
관련한)는 대중문화다.

성관계의 정의, 동의의 의미, 안전하게 섹스하는 법 등 우리가 가진 많은 지식은 우리를 둘러싼 문화적 환경에서 생산된 것이다. 친구에게서 듣기도 하고 인터넷 검색으로 알기도 한다. 연령에 상관없이 가장 파급력 있는 성교육 매체(특히 성 각본과 관련한)는 대중문화다.

이 부분에 있어 대중문화는 대체로 감시 또는 비판의 대상이었다. 어떤 장르는 맹비난을 받기도 했다. 로맨스 소설에서 하드코어 포르노그래피까지 각종 매체에서 그리는 '정상적인' 섹스와 로맨스, 건강한 관계, 동의의 형식과 내용은 상당한 우려를 낳고 있다. 페미니즘은 지난 수년간 로맨틱 코미디와 크리스마스 캐럴 등에서 재생산되는 성별화된 표현들에 문제를 제기해왔다.[5] 대중문화는 성, 섹슈얼리티, 동의 문제에서 어떤 역할을 하고 있는가? 여기에서는 포르노그래피, 로맨스 소설, 섹스 칼럼의 사례를 먼저 살펴보고, 다른 장르 또한 간단하게나마 검토해보고자 한다.

포르노그래피

페미니즘은 포르노그래피가 여성에 대한 폭력에 깊이 연루된 매체라고 점을 오래전부터 명확히 해왔다. 포르노그래피는 여성을 비하하고 착취하는 장면의 연속일 뿐이며 폭력적인 성행위를 일반화하고 가부장제 아래 여성의 종속을 강화한다고 비판해왔다. 포르노 속 성폭력과 여러 형태의 폭력이 현실에서 재연될지 모른다는 우려도 컸다. 래디컬 페미니스트들은 이 논리의 연장선에서 남성을 강간범으로 만들고 여성을 자발적 피해자로 만드는 주범이 포르노라고 주장했다.[6]

1970년대부터 힘을 얻어온 이 주장은 포르노와 성폭력의 상관성을 지나치게 단순화했다는 비판이 등장하면서 다소 주춤하고 있다.[7] 최근에 등장한 반(反)포르노 진영은 언제 어디서나 접근할 수 있는 온라인 포르노의 문제점과 포르노가 아동과 청소년에게 미치는 악영향에 주목하면서, 포르노에 노출된 아동들의 사례, 10대 청소년들이 자기 누드 사진을 공유한 사례, '포르노 같다'라고 여겨지는 성적 행동이 '정상'으로 간주되는 현실 등을 근거로 포르노그래피가 성폭력에 일조한다고 주장한다.[8] 그리고 포르노가 도처에 산재한 탓에 건강한 성관계가 무엇인지 알 수 없게 되었고, 이것이 청소년들이 원치 않는 성행위에 동의하게 되는 한 원인이라고 지적한다. 또한 포르노 속 성관계 이미지를 '정상'이라고 학습하면 자기가 원하고 바라는 성관계를 찾기 위한 협상 자체를 배울 수 없게 된다는 점도 문제라고 입을 모은다.

지난 10년간 이 관점은 정부 정책에 상당 부분 반영되었다. 예를 들어, 영국에서는 수많은 성적 행동 묘사가 '극단적 포르노그래피'로 규정되어 법으로 금지되었다. 그리고 영국 정부는 주요 인터넷 서비스 공급업체에 자녀 보호 모드를 기본 설정에 포함할 것을 권고하고, 포르노그래피 웹사이트의 사용자 연령 확인을 의무화하여 완전한 익명성을 제한하는 조치를 취하기도 했다. 이 정책들은 적어도 포르노의 유해성으로부터 아동과 청소년을 보호하고, 아이들이 포르노를 (나쁜) 성교육 자료나 성각본으로 삼는 것을 방지하는 데 도움을 주리라고 생각한다.

동의한 신체 접촉만을 찍는 포르노

현실은 '포르노 전면 반대'라는 주장만큼 단순명료하지 않다. 지난 20여 년 동안 포르노그래피에 대한 문화 연구는 '추상적인' 수준에서 내려와 다채로운 '포르노물'에 초점을 맞추는 쪽으로 변해왔다.[9] 오직 성욕을 자극하려는 목적으로 제작된 포르노그래피가 있는가 하면, 반대로 제작 의도는 아니었지만 관객에 의해 포르노로 읽히는 작품들이 혼재하기 시작했다. 심지어 포르노그래피 안에서도 다양한 형식, 내용, 제작 환경이 실험되었다. 시청각 매체가 아닌 글로 쓰는 포르노가 확산되었고, 대형 제작사가 아닌 소규모 독립 제작자가 생산하는 포르노가 늘어났다. 페미니즘과 퀴어 관점이 충실히 반영된 포르노도 등장했다. 좀 다른 이야기지만, 포르노그래피에 접근하기 어려운 사람들은 잡지, 광고, 속옷 카탈로그를 포르노처럼 이용하기도 한다. 이모든 매체가 똑같이 '폭력을 야기'하거나 '강간 문화를 재생산하고 개인의 동의 협상 가능성을 제한'하는 효과를 불러온다고 단언할 수는 없다. 그렇다면 포르노그래피로 대안적인 무언가를 만들어볼 수 있을까? 가능하다면, 새로운(대안적인) 포르노그래피는 성관계 시 유의미한 동의를 할 수 있게끔 하는 데 어떻게 기여할까?

　디지털 기술이 발달하고 온라인 유통이 활성화되면서 소규모 독립 포르노그래피 제작자들이 빠르게 증가했다. 특히 퀴어·페미니스트 제작자의 증가세가 눈에 띈다. 이들은 다양한 몸(인종, 체형, 장애의 측면에서), 다양한 젠더(논바이너리를 포함한다), 다양한 섹슈얼리티, 지배적인 각본을 벗어난 다양한 성적 행동, 동의, 안전한 성관계 등을 포르노에 담는다. 그들이 스토리와 제작 과정, 현장에서 가장 주의를 기울이는 것이 바로 '윤리'다.[10] 퀴어·페미니스트 포르노그래피에 출연한 배우들은 작품에서 묘사되는 모든 접촉은 당연히 동의를 기반으로 한다고 강조한다.

　대안적인 포르노그래피를 선호하는 소비자 집단은 대체로 여성, 다채로운 성적 지향의 범주에 속하는 논바이너리, 퀴어다. 이런 포르노그래피를 접한 여성들의 경험은 꽤 복잡한 모습을 띤다고 연구들은 지적한다. 대안적 포르노에 공감하고 그것이 자기 안에 어떤 의미로 자리 잡았는지는 각자의 사고방식과 기대, 사회적 요소에 따라 달라지며, 역겨움을 포함해 온갖 모순된 감정을 동시에 경험하는 것으로 나타났다.[11] 이 경험과 감정은 고스란히 여성들이 자신의 섹슈얼리티를 이해하는 재료로 활용될 것이다. 자기 삶에 뿌리내린 지배적인 담론과 성 각본을 인지하고 여기에 도전하며, 성에 대한 자기 의지를 발휘할 힘을 기르는 계기가 될 수도 있다. 강간 문화 속에서도 자기 의사를 관철하기 위해 협상하는(또는 강간 문화를 정면으로 들이받는) 한 가지 방안이 대안적 포르노일 수도 있다.[12]

퀴어·페미니스트 포르노그래피에서 그리는 '다른' 실천과 커뮤니티, 몸 들이 성적 동의에 미치는 영향은 크다. 현실에서 탈성애화를 경험한 비만 여성, 과잉 성애화의 대상인 흑인 여성은 새로운 시각의 포르노를 통해 자신의 성적 관계와 동의 협상에서 자신감을 얻을 수 있는 요소들을 발견할 수 있지 않을까.[13]

포르노그래피는 딱 한 종류인 것도 아니고 모두에게 나쁘기만 한 것도 아니다. 포르노를 보고 이해하는 것은 다층적인 경험이 될 수 있다. 물론 강간 문화를 재현할 뿐인 포르노도 있다. 하지만 반대로 소수자에게 응원을 건네는 포르노가 있을 수 있다. 각자의 성 정체성과 경험을 돌아보고 자신의 섹슈얼리티를 탐구해보는 마중물의 역할을 포르노가 할 수도 있는 것이다.

어쩌면 이 가능성들이 개인이 성적 자기 결정권과 신체 자율권을 행사하고, 더 나아가 성과 관련한 사회 체계에 도전하는 데 일조할지도 모를 일이다.

아이러니하게도 반포르노 운동이 이끌어낸 '극단적 포르노그래피 금지법'에 가장 심한 타격을 받은 쪽은 소규모 독립 제작자(퀴어 중심이고 페미니즘적이며 윤리적이고 동의를 중시하는 포르노그래피)이다. 이 법은 일반적인 성 각본에서 벗어난, 그래서 퀴어·페미니스트 포르노그래피에서 자주 연출되는 성적 행동을 규제한다. 제작 의도나 연출의 맥락은 고려하지 않고 특정 행위가 들어간 포르노를 더 일탈적이며 바람직하지 않다고 규정한다. 이는 기존의 성 각본에 균열을 내고 '표준'을 넘어서는 가능성을 찾는 길을 막는 것이나 다름없다.[14] 그렇다고 '극단적 포르노그래피 금지법'이나 기타 유사한 법률이 청소년, 아니 누구라도 주류 포르노그래피를 통해 성에 관한 왜곡된 이미지를 얻는 것을 원천 봉쇄하지도 못하며, 성적 동의를 이해하고 관련 교육의 개발에도 아무 도움을 주지 못하고 있다.

포르노그래피가 성 지식과 성 각본의 중요한 자료라는 일각의 주장을 대안적이고 건설적으로 성교육 과정에 접목해볼 수도 있겠다. 청소녀들이 자신의 섹슈얼리티를 동의와 안전을 바탕으로 탐색할 수 있게 관련 자료를 적극적이고 공개적으로 제공하는 것이다.

2018년 5월 16일 자 『틴 보그』에는 애널 섹스에 관한 글이 게재되었다.[15] 성 소수자 권리와 성적 동의가 핵심 주제였음에도 도입부에는 애널 섹스라는 주제가 불편한 독자는 다른 이슈나 건강에 관한 글로 언제든 건너뛰어도 좋다고 안내한다. 이 글은 사전에 동의 협상이 있어야 하며 동의는 언제든 철회할 수 있음을 강조하고, 남녀 성기 결합만이 유일한 성관계 방식이라는 인식을 깨뜨리는 시도를 계속한다. 그리고 애널 섹스가 일탈적이고 일종의 성적 학대에 해당한다거나 '포르노에서나 하는' 행위라고 일축하지 않고, 많은 이가 즐기는 섹스의 형태임을 인정한다. 또한 항문에 삽입되는 것을 페니스로 단정하지 않고 성 중립적 언어를 사용한다. 어쩌면 '포르노'에서 접했을 성행위 이미지를 일상 속으로, 그리고 다양한 가능성이 존재하는 환경으로 가져오고, 누구나 즐길 수 있는 행위로 변환하는 역할을 하고 있는 것이다.

물론, 포르노그래피와 성적 동의의 관계가 당장 긍정적으로 풀릴 수는 없을 것이다. 하지만 적어도 포르노그래피가 단일하지는 않으며, 어떤 포르노를 봤는지 또는 나를 둘러싼 문화적 자원의 성격에 따라서 사람들에게 각기 다른 의미를 전달할 수 있다는 점을 상기하고 싶었다. 다양성을 담보한 퀴어·페미니스트 포르노그래피는 더 많은 이가 자기 욕망에 확신을 가지고 동의 협상에 새로운 방식으로 다가갈 수 있게 할 것이다.

로맨스 소설

우리 문화에 스며 있는 사랑, 로맨스 관념은 개인의 관계와 섹슈
얼리티, 욕구, 행동의 표출에 어떤 영향을 미칠까? 대개 여성 독
자를 겨냥하는 로맨스 소설은, 첫째, 성적이고 로맨틱한 관계를
묘사하는 방식 때문에, 둘째, 실제로 독자의 상당수가 여성이기
때문에 페미니스트 학자와 활동가 들의 관심을 끈다. 지난 10년
간 퀴어 분야가 크게 성장했지만, 페미니즘 연구가 주목한 것은
이성애 로맨스 소설에 집중되어 있다. 1980년대에 시작된 이 연
구들은 70~80년대에 유행한 '통속 연애 소설'이 성적 동의, 신
체적 자율권, 개인의 의사를 함부로 다룬다고 비판하며, 주로
남자 주인공이 여자 주인공을 대하는 태도가 문제라고 지적한
다.[16]

대다수 로맨스 소설이 남자 주인공과 여자 주인공이 온갖
시련에도 불구하고 사랑을 지켜내고 결혼에 골인해 '오래오래
행복하게' 사는(요새는 연인 관계를 이어가는) 결말로 이어지는
구성에서 벗어나지 않는다. '사랑을 방해하는 시련'은 수 세기 전
부터 있었던 설정으로, 로미오와 줄리엣(가문 간 갈등), 『오만과
편견』 속 엘리자베스 베넷과 미스터 다시(신분 차이)가 대표적

인 예다. 현대 로맨스 소설의 시련은 외부에서 오지 않는다. 남자 주인공이 여자 주인공을 대하는 태도가 둘의 사랑에 첫 번째 장해물이다.

이야기의 발단 부분에서 남자는 여자를 거칠고 냉정하게 대하는 등 철저히 공격적인 태도를 보인다. 여기에 남자가 여자의 거절을 받아들이지 못해서 괴롭힌다는 설정이 가미되기도 한다. 그렇다면 대체 어떻게 두 주인공이 이 '시련'을 극복하고 진정한 사랑을 이루는 것일까? 연구자들은 여자가 남자의 가혹한 행동을 재해석하는 법을 터득하는 방향으로 소설이 진행된다고 분석한다. 남자가 본래 냉혹하거나 무심한 성격이어서 나쁘게 구는 것이 아니며, 외려 남자는 처음부터 자신을 깊이 사랑했고 그의 모든 행동의 이유가 사랑이라는 사실을 여자가 깨닫는 식으로 전개된다는 것이다. 이후 여자는 남자의 행동에 대한 자신의 직감과 판단은 계속 의심하고, 오히려 남자가 말로만 차갑게 굴 뿐이라고 자위한다. 그야말로 자기 파괴적인 전개가 아닐 수 없다.

여성들은 이런 로맨스 소설을 읽고 무엇을 느낄까? 초창기 연구들은 여주인공에게 감정 이입한 여성 독자가 실제 삶에서도 남성의 모질고 공격적인 행동을 사랑 표현으로 이해하게 된다고 주장했다. 로맨스 소설이 가부장적 요구에 스스로 복종하는 여성을 생산하는 데 일조한다고 본 것이다. 이는 여성이 성적 상황 또는 기타 관계에서 '싫다'라고 말함으로써 선을 긋고 지키기 어려운 현실, 폭력적인 행동 또한 사랑의 일부라는 논리가 일반화되는 현실과도 연결된다.

어릴 때 남자아이가 여자아이를 괴롭히는 행동을 두고 '좋아해서 그래'라고 해석해주는 것 또한 로맨스 소설과 마찬가지 효과를 불러오는 일상의 단면이다. 이런 로맨스 소설과 흔히 하는 말 한마디가 여성이 사적 경계를 설정하고, 성적 동의를 협상, 보류, 철회하는 데에 부정적인 영향을 미칠 것은 자명하다.

최근 연구의 추세는 로맨스 소설이 주는 메시지가 그토록 절망적인지, 초창기 연구가 지적하듯 여성 독자가 소설 내용을 무비판적으로 수용하는지를 재검토하는 것이다. 똑같은 텍스트를 읽고도 독자들은 각자 다른 의미를 찾는다. 로맨스 소설이 암시하는 내용이 싫을 수 있는 한편, 정반대로 해석할 수도 있다. 어떤 연구자는 쓰는 사람도 읽는 사람도 여성이기 때문에 오히려 로맨스 소설이 가부장제 속 여성의 문제를 함께 해결해나가는 공간이 되어준다고 주장한다. 이 공간에서 여성은 가부장제와 '해로운 남성성'에서 벗어난 남성 캐릭터나 남성과 여성이 동등한 관계를 맺는 모델을 발견할 수 있다는 것이다. 이는 과거의 일부 로맨스 소설에 대한 재해석이자 최신 동향에 부합하는 주장이다.[17]

로맨스 소설 읽기가 사회적 행동으로 연결되는 점 또한 중요하게 봐야 할 부분이다. 인터넷 보급 이전의 독자 연구에서조차 로맨스 소설 커뮤니티에 참여한 적 있다는 여성들의 사례가 언급된다.[18] 소셜 미디어와 굿리즈닷컴(goodreads.com) 등의 독서 소셜 사이트 덕분에 로맨스 소설 커뮤니티는 더욱 많아지고 다양해졌다. 독자들은 추천 도서와 감상을 공유하고, 작가와 직접 소통한다. 이로써 독자가 관심을 기울이는 이슈(성적 동의 등)가 소설의 주제가 되고, 다시 소설을 통해 독자들끼리 토론하기도 한다.

전자책이 성행하면서 로맨스 소설과 성애 문학 전문 출판사가 증가했고, '동의'는 점점 더 중요한 주제가 되어왔다. 작가들은 성관계 장면에서 동의 협상을 분명하게 묘사하고, 불평등한 관계가 동의에 미치는 영향을 고민하고 녹여낸다. 유년기에 통속 연애 소설을 읽으며 자란 세대의 작가들에게서 나타나는 이런 현상은 부분적으로 기존 연애 소설에 대한 반발로 볼 수 있지만, 한편으로는 커뮤니티 안에서 벌어지는 대화에 반응하고 독자의 요구를 충족하며 로맨스 소설이라는 장르를 발전시키려는 시도이기도 하다.[19]

로맨스 소설이 강간 문화를 공고히 하는 지긋지긋한 장면을 재생산하지 않는 것을 넘어 성 각본을 고쳐 쓰는 데 힘을 보탤 가능성은 열려 있다. 물론 모든 로맨스 소설이 이 역할을 자처하지 않을 테고, 성공적으로 해내는 소설이 한 편도 없을지 모른다. 하지만 동의 이슈에 관심을 기울이면서, 오랜 세월 로맨스 소설 장르를 괴롭혀온 문제들을 바로잡고자 하는 커뮤니티 (독자와 작가 모두)가 존재한다는 사실만은 틀림없다.

섹스 칼럼

성 조언은 각종 매체에서 빠지지 않는 주제다.『화성에서 온 남자 금성에서 온 여자』는 빙산의 일각에 불과하며,『코스모』,『히트』 등의 여성지나 가십 잡지는 꽤 많은 지면을 성 조언에 할애하고, 일간지에 게재되는 칼럼들도 인기가 높다. 전통적인 매체가 담당해온 성 조언은 이제 새로운 미디어나 개인 블로그, 소셜 미디어에 제공하는 수많은 온라인 자료로 대체되고 있다. 그렇다면 각종 성 조언 자료는 동의에 대해 무엇을 이야기할까?

『중재된 친밀함: 미디어 문화 속 성 조언』[20]의 저자들은 관련 도서와 신문 구독자 질문란, 웹사이트 등을 꼼꼼하게 조사해 성 조언 분야에서 동의를 어떻게 다루는지 조사했다. 결과는 너무나 실망스럽다. 동의를 주제로 채택하지 않을뿐더러 색인 항목에조차 넣지 않은 것이 수두룩하며, 앞서 우리가 비판한 담론들을 빌려와 논하면서 동의를 골치 아픈 문제로 치부한다. 남성과 여성은 근본적으로 성에 대해 다르게 사고하며 남성이 훨씬 더 성욕이 강하다고 설명하는 자료는 『화성에서 온 남자 금성에서 온 여자』 외에도 많다. 더 큰 문제는 여성과 남성 사이에 존재한다는 성욕의 차이를 '해결'하는 방법에 있다. 성 상담 자료 상당수가 남성이 합의되지 않은 강압적 행동을 하도록 남성을 부추긴다. 상대 여성을 채근하고 섹스를 거부하는 이유를 추궁하라는 조언은 『멘즈 헬스』부터 명백한 강간 매뉴얼을 스스럼없이 배포하는 픽업 아티스트 웹사이트에 이르기까지 어디에나 있다.

성 조언 자료들은 대체로 '노 민스 노' 모델을 지지한다. 거절 의사를 표현한 상대에게 성관계를 강요해서는 안 된다고 딱 부러지게 말해준다. 하지만 '노'가 아니라면 '예스'로 간주해도 괜찮다는 뉘앙스를 남긴다. 전문가를 자처하는 어떤 사람은 사전에 의논하지 말고 새로운 성적 행동을 시도하라고 제안하기까지 한다. 타인의 신체적 자율권을 존중하는 태도와는 거리가 멀다. 어떻게든 섹스까지 밀어붙이라고 부추기면서도 섹스를 강요받아서는 안 된다는 조언이 공존하면서 혼란은 가중된다. 그래서 동의가 필요한지, 어느 시점에서 동의를 명확히 해야 하는지가 불분명해지는 것이다.

청소년 대상의 성 조언은 좀 다르다. 자유롭게 동의할 수 있어야 한다는 사실이 훨씬 강조된다. 약물, 알코올, 사회적 분위기, 관계를 유지해야 한다는 압박, 섹스를 안 하면 애 취급당하리라는 걱정 등 청소년 시기에 겪을 만한 다양한 요소를 신중하게 다루는 경우도 꽤 있다.

청소년에게는 섹스에 대한 또래 집단과 사회의 압력에 휘둘리지 말라고 조언하는 반면, 성인에게는 오히려 그런 사회적 압력을 이용하라는 이중적인 태도는 놀라울 정도다. 어렵사리 긍정적인 점을 찾는다면 지금의 청소년이 내일의 성인이 된다는 점이랄까. 지금 성인에 비하면 성적 동의에 대해 진일보한 교육과 조언을 받고 있으니, 성인이 돼서도 더 질 높은 조언을 요구하게 될 것이다.

미투 운동이 불러온 변화도 있다. 2018년 5월 7일 자 『멘즈 헬스』의 '블루 볼'(blue ball. 남성의 성적 흥분이 상당히 지속되었으나 사정하지 못한 상태를 가리키는 용어—옮긴이) 관련 칼럼21에서는 아무리 흥분된 상태여도 상대방이 더 이상 원치 않으면(동의를 철회하면) 섹스를 그만두어야 하고, 이때 사정은 자위로 해결하는 것만이 상대의 신체적 자율권을 침해하지 않는 유일한 방법이라고 정확하게 짚어준다. 5년 전엔 섹스를 강요하는 조언을 하던 잡지치고는 엄청난 변화다.

TV 드라마와 영화 속 의미 있는 시도들

섹스를 할지 말지 동의를 묻고 협상하는 내용을 분명하게 보여주는 대중매체는 거의 없다. 대중매체에서 우리가 본 섹스 장면은 기존 성 각본을 바탕으로 한 압축된 진행뿐이다. 영화나 TV 드라마나 똑같다. 키스를 하기 시작하고 조금 지나면(이 시간은 작품의 연령 제한 등급에 따라 다르다) 장면이 바뀌어 다음 날 아침이 되어 있거나, 비현실적인 주름을 뽐내는 침대 시트가 심의위원이 가리라고 할 만한 모든 것을(때로는 딱 가려야 할 부분만) 덮고 있다. 남녀 성기 결합에 한정된 섹스를 암시하는 장치는 많지만, 섹스 전 합의나 다른 선택에 대한 고려는 없다. 대중문화는 '가치 있는' 성적 행동은 남녀 성기 결합밖에 없다는 각본을 다시 한번 재확인할 뿐이며, 다른 대안이나 동의 협상의 가능성을 넓히는 데 기여하지 못한다.

다행히 틀에 짜인 표현에서 벗어나거나 작품 안에 동의 협상 장면을 담는 등의 노력이 엿보이는 시도가 조금씩 등장하고 있다. 둘 다 시도하는 작품은 별로 없지만.

그나마 TV 드라마에서 대담한 시도가 자주 보이는데, 이에 열광하는 성인 시청자가 많아 몇몇 드라마는 인기가 많다. 일단, 이성애 중심적 각본의 문제를 직시하게 하는 퀴어 캐릭터나 동성애 관계를 비중 있게 다루는 것이 첫 번째 특징이다. HBO의

「트루 블러드」는 BDSM 묘사를 비롯해 색다른 장면이 다수 있다. 또 넷플릭스의 「하우스 오브 카드」에서 남성이 쿤닐링구스(cunnilingus. 입술이나 혀로 여성의 성기를 애무하는 행위―옮긴이)를 하는 장면은 인상적이다. 이런 시도들이 시청자가 알게 모르게 구속되어 있던 틀을 인식하게 한다.

「겨울왕국」 마지막 부분에서 남 주인공인 크리스토퍼가 안나에게 키스를 해도 되는지 묻는 장면, CW 네트워크에서 방영한 DC 코믹스 원작 드라마 「블랙 라이트닝」에서 10대인 칼릴과 제니퍼가 첫 섹스 계획과 콘돔 사용을 의논하는 장면은 좀 더 나아간 설정이라고 할 수 있다. 물론, 칼릴과 제니퍼의 대화는 매끄럽다가도 덜컹거린다. 그리고 섹스는 곧 성기 결합이라는 공식을 따르는 것을 전제한다. 하지만 대화 자체가 섹스와 전혀 상관없는 상황에서 이루어지고, 아직 서툰 자신을 인정하고 서로에게 온 마음을 열고 애정을 확인하는 순간으로 그려진다.

동의 철회와 관련해서는 「스콧 필그림 vs 더 월드」를 언급할 만하다. 스콧과 그의 연인 러모나는 데이트가 끝날 무렵 서로 키스와 애무를 시작하지만, 러모나가 갑자기 계속하고 싶지 않다고 말한다. 스콧은 곧바로 그녀의 의사를 존중하고 둘은 꼭 안은 채 남은 밤을 보낸다.

ABC 드라마 「범죄의 재구성」 속 주인공 게이 커플 중 한 명은 에이즈 감염자이다. 두 사람은 노출 전 예방요법(PrEP)과 안전한 성생활, 욕구와 동의 문제를 고심하면서 솔직하게 대화를 나눈다. 그리고 욕구만큼이나 자발적인 섹스가 중요하다면서 서로를 안심시킨다. 「데드풀」과 「데드풀 2」에 두 번이나 등장하는 페깅(pegging. 여성이 끈 달린 딜도를 착용하고 상대방의 항문에 삽입하는 애널 섹스 방식—옮긴이)에 앞서 등장인물들은 동의 협상을 한다. 첫 번째는 주인공 웨이드가 동의를 철회했고, 두 번째는 그가 제안한다. 영화 자체의 장난기 넘치는 분위기를 유지함으로써 동의 협상이 꼭 심각하거나 형식에 구애받을 필요는 없으며, 성생활에 필수 요소이자 즐거운 과정이 될 수 있음을 보여준다. 동의에 초점을 맞춘 섹슈얼리티 표현이 충분히 가능하며, 그것이 작품의 재미나 흥행을 방해하지 않는다는 사실은 위에 언급한 작품들로 증명된다.

모아나에게 로맨스 상대가 없다는 것

하지만 특정 신체 조건의 소수자는 대중매체 안에서 여전히 답습된 표현에 갇혀 있다. 성욕이 없다거나 성욕 과잉이라는 낙인을 찍어 탈인간화함으로써 강간 문화를 재생산한 작품도 있다. 디즈니 애니메이션 「모아나」를 보자. '디즈니 흑인 공주' 모아나는 로맨스 상대도 없거니와 그 비슷한 분위기에 놓이지도 않는다. 「메리다와 마법의 숲」이나 「겨울왕국」 주인공들처럼 모아나도 남자와 결혼해 '오래오래 행복하게' 사는 것을 인생 목표로 삼지 않는다. 많은 백인 페미니스트 비평가들은 강인하고 독립적이며, 로맨스나 사랑, 결혼에 집착하지 않고 스스로 모험을 해나가는 여성 캐릭터의 등장을 높게 샀다. 로맨스 스토리를 욱여넣지 않은 것도 찬사를 보낸 이유였다. 흑인 비평가들도 검은 피부와 굵은 흑발을 지닌, 지금까지 디즈니 공주 캐릭터와는 다르게 '날씬'하지도 않은 신체 조건의 폴리네시아 여성을 주인공으로 내세웠다는 것에 좋은 평가를 내렸다. 그럼에도 모아나에게서 로맨스 상대를 아예 제거한 것을 회의하는 비평가도 있었다. 성적이고 로맨틱한 관계에 있어서까지 충만한 삶을 주도하는 흑인 여성을 그리지 않은 것은, 다른 모든 부분이 긍정적일지라도 불완전하고 무의미한 묘사일 뿐이라는 의견이었다. 아마도 이런 식의 묘사에는 '그래, 검은 피부에 검은 곱슬머리를 가졌고, 날씬해야 했던 기존의 공주와도 다른 몸을 가졌구나. 위대한 모험은 해낼 수는 있겠지만 사랑하기는 힘들겠네'와 같은 메시지가 내포해 있다고 본 듯하다.[22]

백인 비평가와 흑인 비평가의 의견이 갈리는 지점에는 사회적으로 용인되는 적절한 '여성성'에 대한 인식이 피부색에 따라서 달라지는 현실이 놓여 있다. 백인 여성은 섬세하고 여리며, 사랑이든 섹스든 (준비하면서 안달 난) 남성에게 의존한다는 편견이 지배적이다. 그래서 강인하고 독립적이며 로맨스 상대가 없는 백인 여성 캐릭터는 전통적 젠더상에 도전하는 인물로서 자유와 힘을 상징한다.

흑인 여성의 경우는 이와 정반대다. 아프리카계 미국인 페미니스트 이론가 퍼트리샤 힐 콜린스는 미국 문화에 잠재한 흑인 여성에 대한 '통제적 이미지'(controlling images)를 발견했다. 첫 번째는 유모 이미지이다. 자신이 맡은 백인 아이에게 헌신하는 무성적 보모로, 과거 흑인 노예 여성을 상기시킨다. 또 다른 이미지는 성욕이 강하고 문란하며 공격적인 '이세벨'(Jezebel)이다. 어머니상(像)도 흑인에 대해서는 두 가지 이미지가 뚜렷한데, 남성 파트너를 거세하고 밖으로 내모는 가모장 아니면 복지 수당을 받는 싱글맘이 그것이다. 이러한 이미지들의 기저에는 흑인 여성은 애정 관계에서 오는 정서적 지지를 거부한다는 인식이 있다. 현실이 이러하니, 흑인 여성에게 로맨스 상대가 없는 흑인 여성 캐릭터는 자유와 힘의 상징이 아니라 오히려 악의적인 비유의 재생산으로밖에 비치지 않는 것이다.

4장에서 살펴봤듯 탈성애화와 과잉 성애화는 특정 집단을 통제하는 권력의 도구로 이용된다는 점에서 성적 동의와도 긴밀한 개념이다. 또한 무성적 존재로 분류된 집단에 속한 사람들은 상대적으로 성적 접근이나 구애 의사를 거절하지 못하는 경향이 강하고, 자기 섹슈얼리티를 확인받기 위해 원치 않는 성관계에 응하기도 한다. 많은 긍정적인 시도가 눈에 띄는 「모아나」도 이런 맥락에서 보면 비판의 여지가 있는 것이 사실이다.

한 발을 더 내딛어보자. 흑인 여성을 무성적 존재로 이미지화하는 순간, 흑인 무성애자는 딜레마에 빠진다. 일단 흑인 유성애자는 무성적 이미지에 저항하기 위해 충만하고 온전한 삶에는 성적이고 로맨틱한 관계가 필수 요소라는 논리를 끌어오게 되고, 이 과정에서 강박적 성애 개념이 강화되면서 흑인 무성애자는 설 자리를 잃는다. 그들은 애써 자기 경험과 욕구를 해명해야 하고, 어떻게든 성적 관계를 만들어야 한다는 힘든 고민을 떠안게 된다.

대중문화에서 건강한 애정 관계의 일원으로 표현되느냐 아니냐는 꽤 많은 사람과 연관된다. 비만 여성, 장애인, 노인은 성욕이 있는 존재로 표현되지 않는다. 대중문화는 이들에게 성적 동의 협상을 도와줄 어떤 정보나 스토리도 제공하지 않는다.

성과 섹슈얼리티, 성관계에 대한 인식에 미치는 대중매체(문화)의 영향력은 이루 말할 수 없다. 하지만 일대일 인과관계로 요약할 수도 없다. 누군가에겐 응원이 되는 콘텐츠가 누군가에겐 억압으로 느껴질 수 있잖은가. 어차피 사람마다 다르게 느끼고 해석할 텐데 이렇게 비판하는 것이 의미가 있느냐고 물을 수 있다.

아니면 이것은 지배적 성 각본의 재생산이고 저것은 저항이라고 대강 구분하면 충분하지 않느냐고 반박할 수도 있다. 이 부분은 여기에서 결론 내리긴 힘들다. 어쨌든 핵심은 대중매체(문화)가 성 각본의 원천이며, 앞으로 강간 문화를 동의의 문화로 바꿀 중요한 사회제도라는 것이다.

6장

동의를 말하고 실천하기

동의 이슈를 이끄는 커뮤니티들

성적 동의는 강간 문화가 만연한 우리 사회에서 언제나 뜨거운 주제이다. 개인의 욕구를 재단하고 동의 문제의 본질을 흐리는 담론과 각본 들은 우리가 과연 자유롭게 동의를 표할 수 있는 것인지 두렵게 한다. 하지만 승낙과 거절 사이에 존재하는 수많은 경험을 설명하는 용어를 우리 스스로 만들고, 동의 문제를 관통하는 권력의 작동 원리를 밝혀냄으로써 동의 문화를 다지기 위한 초석이 마련되고 있다.

다양한 커뮤니티의 존재가 큰 힘이 된다. 철학, 심리학, 법학, 사회학, 문학, 문화 분야에서 동의 개념을 연구하는 페미니스트 학자들이 한쪽에 있다면, 다른 한쪽에는 개인의 경험과 일상에서 동의 문제를 고민하는 커뮤니티들이 있다. 이들은 학계에서는 섣불리 내놓기 어려운(또는 다소 정제되지 않은) 해결 방안을 제공하기도 한다.

동의 이슈의 최전선에 있는 커뮤니티의 활동을 살펴보면, 이론을 정비하는 작업과 실천의 경계가 그다지 뚜렷하지 않다는 점을 알 수 있다. 다만, 이론을 통해 지배적 담론에 대항할 언어를 찾는 것은 지속성 있는 변화를 만들기 위한 최우선 과제임은 틀림없다.

온·오프라인 모임에 쌓이는 경험들

페미니스트들은 여성의 경험이 지식의 귀중한 원천이라는 것을 알았다. 하지만 경험조차 지배적 담론의 체에 걸러지곤 했다. 지배적 담론은 실제로 일어난 일을 정확히 이해하지 못하게 하고 딱히 뭐라 설명할 수는 없지만 무언가가 '잘못'됐다는 느낌만 남게 한다. 이럴 때 만약 도움받을 커뮤니티가 없다면 '잘못된' 느낌을 안은 채 고립되고 끊임없이 자신을 탓하게 될지 모른다. 50여 년 전부터 페미니즘 운동의 일환으로 계속되어온 '의식 고양'(consciousness-raising) 활동은 소규모 모임에서 자기 경험을 이야기하고 새롭게 생각하며 다시 평가하도록 돕는다.

1960년대 미국에서 시작된 의식 고양 활동은 처음엔 몇몇이 집에 모여 자기 이야기를 나누는 형태였다. 함께 모인 여성들은 자기가 혼자가 아니라는 것, 자신의 경험이 사적인 문제가 아니라 정치적인 문제라는 점을 깨달아갔다. 이 경험들이 여성의 성과 재생산의 권리, 가사 노동, 가정 폭력 등의 의제와 관련된 페미니즘 사상을 체계화하는 데 크게 기여했다. 이 활동은 시대의 요구에 따라 변형되며 계속되고 있고, 성적 동의에 대한 정보를 전달하고 이해를 높이는 공간으로 활용되고 있다.

요즘은 대면 모임보다는 인터넷과 SNS로 의식 고양 활동이 전개된다. 블로그 포스트, 트위터 스레드 등 온라인상에 공개적으로 의견을 내면 과거와는 비교도 안 되게 많은 사람에게 가 닿는다. 훨씬 심도 있는 논의를 펼치는 페미니즘 커뮤니티들도 온라인에서 활동 중이다. 동의 문제는 지난 10년간 이들 커뮤니티의 핵심 쟁점이었다.

온라인 커뮤니티 내 주요 활동 가운데 하나가 경험을 공유하는 것이다. 성폭력 생존자들은 이곳에 자기 이야기를 풀어놓는다. 익명이 많지만, 실명을 쓰는 사람도(유명인이든 아니든) 늘고 있다. 사실 실명 공개 여부는 중요치 않다. 중요한 것은 이 과정에서 우리가 성폭력 피해자와 생존자에게 공감할 수 있고 수많은 피해 경험과 정황이 가시화된다는 것이다.

경험이 모이면 강간 문화에 도전할 힘도 쌓인다. 개인들의 입을 통해 사람들은 짧은 치마를 입지 않았고 밤에 인적이 드문 곳을 혼자 걷지 않은 여성이 강간당하는 경우가 허다하다는 것을 알게 된다. 짧은 치마를 입고 밤에 인적 드문 곳을 혼자 걸은 여성이 강간을 당했을 때, 여성의 옷차림과 행동을 이유로 가해자의 죄가 가벼워져서는 안 되며 강간에 피해자의 잘못은 조금도 없다는 것도 재인식하게 된다. 모두의 이야기 속에서 피해자와 생존자 들은 자기 모습을 발견하고 비로소 자신이 겪은 감정과 경험을 제대로 받아들일 수 있게 된다. 또한 내 경험을 재해석하게 도와주고, 찜찜하지만 설명하기 어려웠던 순간을 '성폭

모두의 이야기 속에서 피해자와 생존자 들은 자기 모습을 발견하고 비로소 자신이 겪은 감정과 경험을 제대로 받아들일 수 있게 된다. 또한 내 경험을 재해석하게 도와주고, 찜찜하지만 설명하기 어려웠던 순간을 '성폭력'으로 딱 부러지게 말할 수 있게 된다. 이로써 성폭력은 더 이상 고립된 개인들의 비극이 아니라 사회와 집단의 문제로 부상한다.

력'으로 딱 부러지게 말할 수 있게 된다. 이로써 성폭력은 더 이상 고립된 개인들의 비극이 아니라 사회와 집단의 문제로 부상한다.

온·오프라인에서 활발하게 이루어진 의식 고양 활동은 미투 운동의 촉발과 무관할 수 없다. 사회 전반을 들썩인 미투 운동은 사실 아주 오래전부터 있었던 성폭력 생존자들의 외침이 바깥으로 폭발한 것이다. '미투'는 한 개인의 성폭력 경험이 누구나 겪을 수 있는 경험이라는 뜻으로, 아프리카계 미국인 페미니스트이자 시민권 운동가인 타라나 버크가 고안한 용어다.

경험을 공유하고 인정하는 과정은 사건들에 대한 통찰력을 키우고 이를 관통하는 이론을 발전시키는 계기가 되어준다. 예를 들어, 성관계를 강요받은 기분이 들었다는 이야기들을 접하면 그런 압력의 본질과 근원이 무엇인지 생각해보게 된다. 실제로 4장에서 다룬 (이)성애에 관한 담론들이 구체화된 것도 의식 고양 모임을 통해 가능했다. 다시 이들 담론을 분석함으로써 우리는 성적 상황에서 우리를 억압하고 선택을 제한하는 힘이 무엇인지 이해하게 된다. 아주 최근에 '노 민스 노' 모델의 한계가 지적되고, 더 나아가 적극적 동의 모델 또는 성 비평 모델이 등장한 것도 페미니스트들의 온라인 활동에서 비롯됐다.

'강박적 성애' 개념이 무성애자 온라인 커뮤니티를 통해 제안되고 구체화된 것도 마찬가지 과정을 거쳤다.[1] 무성애자들이 개설한 온라인 공간에서는 유성애자가 되어야 한다거나 성관계를 무조건 해야 한다는 압박, 로맨스에는 반드시 성적인 것이 수반되어야 한다는 인식을 두고 다양한 토론이 벌어진다. 끊임없이 자신의 정체성을 부정당하고 묵살당하면서 탈인간화를 겪는 무성애자들은 자신이 원하는 방식으로 관계를 맺는 데 어려움을 느끼고, 이것이 얼마나 소모적인 일인지 항변한다. 이들의 경험이 모여 강박적 성애 개념이 분명히 정립될 수 있었다.

한편, 의식 고양 활동은 실용적이다. 다수의 모임과 워크숍, 페미니즘 잡지, 온라인 모임이 일상에서 필요한 스킬을 알려주는 데 투자한다. 평등한 분위기에서 드러내놓고 이야기를 주고받으면 참여자들은 동의의 온갖 방법을 배우고, 자신과 상대방의 욕구를 알고 존중하는 기술 또한 익힐 수 있다. 나아가 마음 깊숙이 자리한 고정관념에 대응하고 도전할 수 있는 역량을 기를 수 있다. 처음 이런 커뮤니티를 찾은 사람들이 기대하는 바 역시 자신의 성 경험과 의사를 이해하는 방법을 찾는 것이다.[2]

온·오프라인 모임에서 내 이야기를 더하고 서로의 감정과 경험을 인정하고 공감하며 서로에게 조언을 해주면서 우리는 성적 동의 개념을 만들어나가고 확산시킨다. 이 과정에서 생성된 지식과 정보가 완전무결하지는 않을 것이다. 하지만 우리는 언제나 이를 개선할 수 있고, 부족한 부분을 채워나가며, 이로써 강간 문화의 꺼풀을 하나씩 벗겨낼 수 있을 것이다.

이렇게 형성된 동의에 관한 지식의 핵심은 경험을 근거로 한다는 점이다. 경험을 이해하고 연구해 이론화하는 작업을 통해 정교한 개념이 만들어지고 실천 방향이 결정된다. 따라서 커뮤니티를 기반으로 구성원들이 힘을 받고 서로를 배려하는 것 자체가 너무나 소중한 경험이라고 할 수 있다.

법에만 의존해야 할까

형사사법 제도가 성폭력을 제대로 다루지 못한다는 것은 통계만 봐도 알 수 있다. 영국, 캐나다, 미국에서 경찰에 신고된 강간 사건 중 가해자에게 유죄 판결이 내려진 경우는 10퍼센트가 채 되지 않는다는 연구 결과도 있다.[3] 신고되지 않은 강간 피해가 더 많다는 점을 고려할 때 전체 성폭행 사건 가운데 아주 극소수만이 가해자에 대한 법적 판결을 받아낸 셈이다. 2장에서 말했듯 법 제도 자체가 성폭력 사건을 공정하게 다루는 데 도움이 안 되는 데다 피해자 대부분이 법 영역에서 2차 피해를 입는다. 관련 법조문은 섹슈얼리티와 행위자의 의사, 신체적 자율권을 개의치 않는 듯하다. 그래서 법적 개선을 추구하기보다 법에 얽매이지 않고 성폭력 문제를 다루려는 움직임이 나타나고 있다.[4]

성폭력과 동위 위반 문제에 법이 개입하는 것이
저어되는 또 다른 이유는 성 노동자, 이민자,
트랜스젠더(특히 트랜스 여성), 퀴어, 유색인 피해자가
경찰에 의지하는 것이 안전하지 않을 수 있어서다.

성폭력과 동의 위반 문제에 법이 개입하는 것이 저어되는 또 다른 이유는 성 노동자, 이민자, 트랜스젠더(특히 트랜스 여성), 퀴어, 유색인 피해자가 경찰에 의지하는 것이 안전하지 않을 수 있어서다. 이들은 자신의 정체성 때문에 불이익을 받곤 한다. 예를 들어, 성 노동자의 고소는 너무나 쉽게 기각되며 신고한 당사자가 오히려 처벌받거나 투옥되거나 생계수단을 잃을 수 있다. 이민자는 체류 자격과는 관계없이 엉뚱하게 이민법에 의해 불이익을 당할 수 있다. 트랜스 젠더 여성은 남성으로 '취급'되어 피해 진술로 받아들여지지 않을 수 있다. 이때 가해자가 시스젠더 여성이라면 상황은 더 불리해진다. 만약 피해 신고를 한 트랜스 여성이 성 노동자라면 정반대로 범인으로 지목되어 남성 구치소에 구금될 각오까지 해야 한다. 가해자의 젠더가 자신과 같은 퀴어 피해자의 주장은 거의 신뢰받지 못한다.

유색인은 서구 대다수 국가에서 과잉 단속의 대상이며 투옥 비율도 비정상적으로 높다. 최근 5년 동안 뉴스에서 수없이 보았듯 미국에서 흑인 남성이 경찰과 부딪힌다는 것은 그 자체로 치명적인 결과를 낳곤 했다. 백인 여성에 대한 성폭력 가해 혐의를 흑인 남성에게 돌려 흑인 커뮤니티를 통제하는 구실로 삼는 오랜 역사는 미국의 흑인 린치 역사의 한 줄기이다(놀랍게도 피해자의 피부색이 무엇이든 백인 남성에 의한 성폭력은 아직도 논쟁거리에서 제외된다).[5] 이러니 소수자들은 자기 삶에 경찰을 끌어들이고 싶어 하지 않는다. 피해자로서 감수해야 하는 위험만 커지기 때문이다.

'변형적 정의' 접근법

교차성(intersectional) 페미니스트, 감옥 폐지론자, 무정부주의자 그룹은 성폭력과 동의 위반을 다른 방식으로 해결할 수 있을지 고민하기 시작했다. 이들은 '변형적 정의' 개념에 기댄다. 변형적 정의는 가해자 처벌보다 범죄가 야기한 모든 피해를 회복하는 데 초점을 맞춘다. 또한 사건과 관련 있는 모든 당사자에게 필요한 도움을 제공하고 대화와 이해를 촉진하는 자발적 과정으로 실천된다. 재발 방지를 넘어 문제의 구조적 원인을 찾아 바로잡기 위해 노력하는 접근들은 대체로 이 개념을 출발점으로 삼는다.[6]

변형적 정의라는 틀을 따른다면, 형사 재판은 '책임 절차'(accountability process)로 대체된다. 책임 절차는 사건에 따라 조금씩 형식이 다르겠으나, 보통은 혐의를 제기한 쪽과 받은 쪽 모두에게 지원팀을 붙여주고, 후자에게는 이 과정에 참여할지 묻는다. 참여 여부는 자발적으로 결정한다. 전 과정에 걸쳐 양 당사자 모두 발언할 기회를 가지며, 가해자가 자신이 한 잘못을 이해하고 스스로 변할 수 있게 돕는 수단을 고민한다. 가해자의 인정과 사과, 가해 사실 공개, 재발 방지 교육 프로그램 참석 등이 이 과정 끝에 나오는 결과물이다.

가해 사실 공개는 변형적 정의 접근법에서 나온 상당히 강한 아이디어다. 사람들이 여기에 동참하도록 돕는 자료들도 출간되었다.[7] 공개적이고 지속적인 책임성을 강조하는 것이 개인의 운신의 폭을 줄이는 장치처럼 보일는지도 모르겠지만 속뜻은 그것이 아니다. 동의에 대해 배우고 강간 문화를 떨쳐내는 것은 구성원 모두가 평생 의식해야 하는 과제이고, 이를 달리 말하면 누구나 더 나은 동의 문화를 만드는 힘을 지니고 있음을 믿는다는 것이다.

형사 재판과 비교할 때 변형적 정의 접근법은 장점이 많다. 우선 피의자의 실질적인 태도 변화를 이끌어낼 가능성이 있다. 이는 피의자가 겪는 타격이 형사 재판보다는 덜해서일 수도 있다. 가해자가 커뮤니티 내부에서 결정한 절차를 따르길 거부하면서 방어적으로 나올 때도 주위에서 다른 구성원들이 가해 사실에 책임지도록 도울 수 있다. 그래서 교정 시설에 분리되어 갱생 훈련을 받는 것이 아니라 커뮤니티 안에서 모든 절차가 진행된다. 또한 변형적 정의 접근법은 확실히 덜 대립적이며, 대화와 상호 이해를 권장한다. 어느 한쪽이 진실이라고 판결 내리기보단 개인의 경험과 발생한 피해에 집중함으로써 정의를 실현한다. 이런 과정이 강간 생존자의 회복과 치유를 지원하는 데 도움이 될 수 있다. 아울러 잘못된 제도를 고치려는 노력이 동반됨으로써 동의 문화 정립에 일조한다.

변형적 정의 접근에도 문제점은 있다. 가장 큰 문제점은 소규모 커뮤니티가 시행하기엔 자원과 시간이 엄청 많이 필요하다는 것이다. 소규모가 아니라면 어느 정도 규모까지 이 접근법을 적용할 수 있을지도 불확실하다. 또한 '책임 절차'가 성공적이었는지, 이행 사항이 잘 실행되었는지 확인할 수 없거나 이 복잡한 절차를 끌고 갈 기술이 부족할 수도 있다. 그리고 어쨌거나 대립적 형사사법 제도에 살고 있는 이상 변형적 정의 방식이 이를 닮아갈지도 모른다. 그럼에도 변형적 정의 개념이 비대립적이고 징벌에 국한되지 않은 대안을 개발하는 데 기여했다는 것은 부인할 수 없다.

'정상'의 가장자리에서: BDSM

섹스 칼럼은 동의 이슈를 거의 다루지 않지만 BDSM은 예외다.[8] 이는 곧 '정상적 성관계'와 '비정상적 성관계'를 나누어 생각한다는 뜻이다. 정상적 성관계(전희 행위가 있는 비장애인 시스젠더 남성과 여성 사이의 성기 결합)에는 기본적인 성 각본이 있고, 이를 따르는 법을 누구나 알며, 어떤 행위를 허락하거나 거부하는 것이 특별히 어렵지 않고, 상대방의 (비)동의 표현을 듣고 존중하는 것이 가능하다고 가정하기 때문에 분명한 동의 협상이 별도로 필요하진 않다고 간주된다.

　　반면 '비정상적 성관계'(BDSM을 비롯해 남녀 성기 결합을 제외한 모든 성행위)에서는 세이프 워드(safeword. 행위를 끝내고 싶을 때 사용하는 단어나 신호로, 사전에 당사자들끼리 협의해 결정한다―옮긴이)처럼 특별한 안전조치가 필수라고 여겨진다. 하지만 세이프 워드는 BDSM 커뮤니티에서는 너무나 흔한 약속이며, '정상적 성관계'에서도 종종 쓰인다.

동의에 대한 BDSM 커뮤니티들의 견해 또한 지난 10여 년간 변해왔다.**9** BDSM을 '비정상' 또는 '성적 학대'로 취급하는 시선 때문에 BDSM 커뮤니티는 더욱 동의 문제에 집중했고, '성 긍정주의' 접근법을 채택해 모든 성행위는 개인의 자유와 의사에 따른다는 점을 강조했다. 성적 동의 문제는 합리적 개인들 사이의 협상으로 받아들였고, 유의미하고 자유로운 동의 협상 능력을 제한하는 커뮤니티 내부 및 사회 구조적 조건에 대해서는 깊이 고민하지 않았다. 외부의 비난을 방어하기 위해 BDSM 행위 전 동의 협상과 세이프 워드 관행이 있다는 사실을 부각하는 데 집중해왔다.

　　하지만 커뮤니티 구성원들이 자신이 경험하고 목격한 성적 학대를 폭로하면서 상황이 달라졌다.**10** 온라인 커뮤니티에 학대범은 용인하고 보호하면서 피해자는 침묵하게 하는 현실을 고발하는 게시글들이 올라오기 시작했다. 사실 BDSM 커뮤니티만 강간 문화의 맥락에서 완전히 벗어나 있으리라고 가정하는 것 자체가 착각이다. 외려 개별 협상을 강조하는 분위기 때문에 학대 피해자들은 분명히 거부하지 못한 자신을 탓하게 된다. 게다가 특정 행위에 동의하지 않으면 커뮤니티 내에서 BDSM에 적합하지 않은 사람으로 낙인찍힐 수 있다. 게다가 피해자는 외부에 도움을 요청하기도 어렵다. BDSM 행위자라는 것을 말했을 때 받게 될 주위의 비난이 두렵고, 행위별로 동의 여부를 선택해야 하는 BDSM만의 독특한 상황을 (상대가 관련 분야 전문가가 아니고서야) 설명하기 어렵기 때문이다. 더불어 커뮤니티의 이미지를 지킨답시고 학대범을 중심으로 조직이 똘똘 뭉치는 것도 문제다.

이제 커뮤니티들은 권력, 조직 구조, 동의 규범에 대한 이해를 새롭게 하고 있다. 일단 동의가 당사자 간 협상이라는 개념에서 벗어나 커뮤니티 차원에서 동의의 책임성과 안전을 다루는 방향으로 논의를 확장하고 있다. 상대방이 꺼리는 행위에 동의를 강요하지 못하게 하고, 동의 보류와 철회를 편히 할 수 있는 체계와 규칙을 만들고 있다. 또한 개인의 동의 결정을 존중하는 한편, 학대 피해자의 문제 제기와 진술을 신뢰하고 도움을 제공하며 사적 경계를 침해한 자가 응당한 책임을 지도록 하는 방안을 모색 중이다.

예를 들어, 커뮤니티 첫 가입자에게 커뮤니티에서 정한 규칙이 행위자 간 동의에 영향을 미칠 수 있지만, 규칙은 타인의 사적 경계와 신체적 자율권 존중을 보장하는 것임을 고지한다. BDSM 강의나 설명에 명확하고 구체적인 동의 협상 내용을 포함하는 것도 다른 방식의 동의 실천을 규범화하려는 내부 노력 가운데 하나이다.[11] 이들은 비록 완벽하진 않지만 자유로운 거부가 가능하도록 애써왔다. 그래야 동의를 하는 것 역시 자유로울 수 있고 모든 결정이 똑같이 유의미해지기 때문이다.

『50가지 그림자』 속 BDSM

BDSM 커뮤니티가 더 나은 방향으로 나아가려고 십수 년간 노력해온 것을 고려할 때, BDSM이 E. L. 제임스의 소설 『50가지 그림자』 시리즈와 이를 원작으로 하는 영화를 기점으로 대중적인 관심을 일으킨 것은 좀 아이러니한 일이다.

대중매체와 비평가들이 '엄마들의 포르노'라고 평가하는 『50가지 그림자』 시리즈는 최고의 베스트셀러 자리를 차지하며 돌풍을 일으켰고, 이 노골적인 섹스 스토리가 여성 독자들 사이에 인기를 끄는 현상에 대한 평론들이 쏟아졌다.

책 내용은 단순하다. 순진한 여성인 아나스타샤 스틸은 대부호 크리스천 그레이를 만나 관계를 발전시키는데, 크리스천은 아나스타샤에게 자신은 BDSM을 원하며 자신의 서브미시브(submissive. BDSM 행위에서 수동적이고 복종하는 역할을 맡는 쪽—옮긴이) 역할을 맡아달라고 제안한다. 이 둘 사이의 에로틱하고 로맨틱한 스토리는 총 세 권, 1500쪽 분량에 걸쳐 전개된다. 똑같은 스토리를 크리스천의 관점에서 풀어간 소설도 출간되었다. 『50가지 그림자』의 인기로 BDSM과 그 커뮤니티가 대중적인 관심을 얻기는 했지만, 당사자 입장에서 그다지 좋지만은 않을 것이다.

일단 소설 속에서 그려지는 동의의 모습이 비판의 대상이 되었다. 사실상 학대에 해당하는 행위를 BDSM에서는 '정상'이며 로맨틱한 것으로 묘사하는 점, 동의 계약서를 쓰고 둘의 관계를 발설하지 못하게 하는 점, 그럼으로써 아나스타샤를 고립시키고 둘의 관계가 잘못될 경우 도움받지 못하도록 한 점, 아나스타샤의 재생산권과 운동 및 다이어트 등 세세한 일상까지 통제하려고 한 점, 성행위 외에 다른 부분에서도 아나스타샤의 동의 결정을 무시하고 세이프 워드를 사용했다는 이유로 '체벌'하는 점 등은 모두 BDSM이 아니라 학대라고 볼 수 있다.

BDSM 커뮤니티들은 『50가지 그림자』의 문제점을 알리고 실제 BDSM 행위에서 어떻게 동의를 하고 존중되는지를 알리기 위해 엄청난 노력을 했다.[12] 이것이 BDSM 커뮤니티에서 발전된 동의 이슈가 다른 커뮤니티에 확산되는 계기가 되기도 했다. 아직 일반 대중에게까지 침투하진 못한 듯 보이지만, 동의라는 주제로 더 많은 대화가 오가고 주요 논의에서 성적 동의가 주제로 올라오기 시작했다. '정상적' 성관계의 가장자리에서 형성된 소중한 지식이 천천히, 조금씩 퍼지고 있는 것이다.

'모호한 동의'를 고민하는 팬 픽션

5장에서 우리는 제작 과정과 연출 장면 모두에서 윤리 이슈를 꼼꼼히 따지는 포르노그래피가 있다는 것을 알았다. 그리고 이들 작품은 시스젠더 이성애자가 아닌 젠더와 섹슈얼리티를 표현함으로써, 아니면 사회적으로 탈성애화 또는 과잉 성애화로 재단된 몸들을 드러냄으로써 동의 문제를 풀어가는 실마리가 된다는 점을 살펴봤다.

팬 픽션 커뮤니티 또한 성적 동의와 관련해 오랫동안 고민해왔다. 팬 픽션은 TV 시리즈나 책, 게임, 영화 등 기존 작품에서 좋아하는 인물을 데려와 아마추어 작가들이 새롭게 쓴 이야기라고 할 수 있다. 그 시작을 1960~70년대 작품인 「스타트렉」으로 보기도 하고, 아주 고대부터 있었다고 주장하는 사람도 있다. 후자는 베르길리우스의 『아이네이스』가 호메로스의 『일리

아드』의 팬 픽션이고, 아서왕의 전설은『아이네이스』의 팬 픽션이라고 본다. 현대에는 주로 자신을 퀴어라고 규정하는 여성과 논바이너리 작가가 많다.[13] 작품들은 온라인에서 무료로 공유되며, 동성애 관계를 소재로 에로틱한 표현을 솔직하게 쓰는 것이 거의 대부분이다.[14]

팬 픽션 커뮤니티도『50가지 그림자』와 함께 관심을 받기 시작했다.『50가지 그림자』의 시작이 스테퍼니 메이어의『트와일라잇』의 팬 픽션이었기 때문이다. 물론 팬 픽션은 훨씬 오래된 문화이지만 두 가지 이유로 그림자 속에 있어왔다. 일단, 원작을 바탕으로 하는 팬 픽션은 저작권법에 저촉될 소지가 다분하다. 원작 작가들은 팬 픽션 작업에 줄곧 반대해왔으며, 웹사이트 호스트와 팬 픽션 작가들에게 작업 중단을 요구하는 경고장을 보내거나 소송 입장을 내놓기도 했다.[15] 그리고 팬 픽션은 여성과 퀴어의 섹슈얼리티에 초점을 맞춘 작품이 대다수인지라 비난받기 일쑤였고 아예 무시당하는 경우가 허다했다. 주류에서 조롱당하느니 관심을 경계해왔던 것도 사실이다. 팬 픽션 커뮤니티들은 대중의 눈초리에서 벗어나 모습을 감추었다. 그리고 퀴어 여성과 논바이너리가 압도적인 이들 커뮤니티에서 정말 다양한 섹스 이야기가 생산되었다. 다른 상업적 문화 상품에 가해지는 압력을 피할 수 있었던 이들 작품은 성적 동의를 어떻게 그릴까?

동성애 관계를 주로 그리는 팬 픽션에서는 시스젠더 이성애자를 준거로 삼는 성 각본은 폐기된다. 시스젠더 남성 한 명, 시스젠더 여성 한 명, 하나의 페니스, 하나의 질이라는 가정만 벗어나도, 술-키스-애무-성기 결합을 전제한 섹스 스토리에서 빠져 나갈 길이 보일 것이다. 그래서 팬 픽션 속 인물들은 자신이 원하는 바를 더 솔직하고 분명하게 협상할 자유를 누리는 것으로 그려진다. 이로써 작가와 독자 모두 기존의 성 각본을 재고하고 그에 도전할 수 있는 상상력을 키울 수 있었다고 말한다. 더 나아가 동의를 어떻게 협상하고 탐구하는지 엿보는 기회를 얻고, 친밀한 관계와 섹스에 대해 열심히 고민하는 자기만의 각본을 쓰게 되었다고 말한다.

팬 픽션에서는 인물들 사이에 엄청난 권력 차이가 존재하는 설정이 굉장히 흔하다. 어느 한쪽이 사회적, 금전적으로 상대방에게 철저히 의존하는 정략 결혼처럼 뻔한 로맨스가 전개되거나 직장 내 상급자와 하급자의 애정 관계가 그려지기도 한다. 정교한 공상과학 소설에서나 등장할 법한 외계가 배경일 수도 있고, 평소엔 상상할 수 없는 다른 젠더 및 사회 구조를 창조해내기도 한다.

이런 설정이 의외로 성적 관계와 동의 협상에서 있을 수 있는 권력 문제를 고민하게 만든다. 가령, 재정적으로 상대방에게 완전히 의존하는 인물이 상대방의 성관계 요구에 싫다고 말할 수 있을까? 그럴 수 없다면, 설령 좋다는 말이 진심이었어도 그 동의는 얼마나 의미가 있는 것일까? 이 기울어진 관계를 조정하는 데 필요한 것은 무엇인가? 이런 관계에서 '싫다'라고 말할 수 있는 환경을 만드는 것은 누구의 역할인가? 이런 예민한 질문을 고민하고 답하는 팩 픽션들은 개인의 욕구를 이야기하는 과정에서 더 많은 권력을 지닌 쪽이 상대방이 정말로 자유롭게 의사를 표할 수 있도록 책임지는 모습을 묘사하곤 한다.[16]

팬 픽션 커뮤니티는 동의 여부가 명백하지 않은 상황을 지칭하는 용어를 하나 고안하기도 했는데, '모호한 동의'(dubious consent)를 줄여 표현한 '듀브콘'(dubcon)이 그것이다. 4장에서 언급했듯, '강간'과 '합의한 성관계' 사이에는 광대한 회색지대가 존재한다. 문화적, 사회적 권력이 개인의 결정을 불분명한 것으로 만드는 영역이다. 섹스를 무척 하고 싶지만 자기 의사를 자유롭게 밝히지 못할 수 있고, 반대로 성관계에 전혀 욕구가 없지만 다양한 이유로 자기 의지로 동의하는 경우도 있다. 팬 픽션은 '듀브콘'이라는 용어를 포괄적으로 사용하면서 정말 다양한 상황을 탐색한다. 단순히 모호한 동의 상황을 그리는 데 그치지 않고, 각 인물의 내면과 경험에 초점을 맞추고 상황을 다각도에서 살핌으로써 한 인간의 혼란스러운 감정과 섹슈얼리티의 현실을 직시한다.

내가 팬 픽션 커뮤니티에 주목하는 또 다른 이유는 구성원들이 글을 발표하고 대화하는 방식에 있다. 팬 픽션은 단독 창작물이라기보다 그것의 원작, 다른 팬 픽션들, 여러 장르의 특징적 요소들, 독자와 작가 사이의 대화가 뒤섞인 창작물이다. 활발한 작품 논의가 오가는 이들 커뮤니티에서는 팬 픽션을 쓰고 배포하고 수용되는 과정에서 서로가 공감하는 동의 관례를 만들기도 했다. 팬 픽션 아카이브 웹사이트에서는 작품마다 태그를 달아 스토리를 검색하고 미리 볼 수 있게 하는데, 이는 해당 글이 강간으로 인한 트라우마에 관한 글인지 모호한 동의에 관한 글인지 알려주고 독자들이 그 글을 읽거나 읽지 않을 기회를 준다. 사소한 장치이지만 동의에 관한 고민을 실천으로 옮기는 중요한 포인트라고 할 수 있다.

팬 픽션은 섹슈얼리티의 내면적, 정서적 경험을 중심으로 동의 이슈를 돌아보게 한다. 성적 판타지물은 여러 선택지를 고심해보는 수단이기도 하고, 기본값으로 세팅된 사회의 성 각본을 드러냄으로써 동의에 대해 생각하게 한다.

이론적인 내용은 아니지만 이번 장에서 논의된 문화적 실천들을 우리 주제와 연관해 재점검해볼 필요는 있다. 페미니스트들과 퀴어 커뮤니티가 주도하는 의식 고양 활동은 개인의 경험을 끌어내고, 변형적 정의 접근법은 성폭력 사건을 법을 통하지 않고 해결하는 대안을 마련하며, BDSM 커뮤니티는 '정상' 범주의 가장자리에서 지배적 성 각본에 도전함으로써 그냥 넘어가서는 안 되는 문제점들을 건드린다. 이들 커뮤니티의 활동은 동의의 의미, 강간 문화가 개인의 의사와 자율권에 미치는 영향, 동의 문화에 대한 집단의식을 적극적으로 확장한다.

7장

#미투

#미투, 운동이 되다

'미투'라는 용어는 2006년 아프리카계 미국인 타라나 버크가 고안했다. 당시 그녀는 성폭력 피해자들의 이야기를 세상에 알리고 그들이 서로 연대할 방법을 찾으려 애쓰던 중이었다. 버크는 미투가 '공감을 통해 얻는 힘'이라고 말한다. 성폭력 생존자들이 이 말을 주고받는 것은 '당신의 말을 믿습니다. 당신이 무슨 일을 겪었는지 압니다'라고 말하는 것과 같다. 성폭력 피해자의 말을 불신하는 문화에서 '나도'라는 한마디는 엄청난 힘을 갖는다.[1] 버크가 주도하는 단체는 성폭력 생존자들, 특히 버크가 속한 커뮤니티의 흑인 소녀들에게 도움을 주고 그들을 지지하기 위해 설립되었으나 나중에는 연령과 젠더에 제한을 두지 않고 활동 영역을 넓혀나갔다. 하지만 단체가 너무 유명해지자 버크는 미투 운동의 메시지가 변질되고 약해질까 걱정하기도 했다.[2]

많은 사회 운동이 그렇듯이 미투 운동의 추동력은 단일하게 뭉쳐 있는 힘이라기보다 다양하고 독립적인 수백만 개의 목소리이다. 따라서 미투 운동이 성폭력 문제에 유일한 정답을 제시하거나 모든 개별 상황을 아우르는 해결책을 제공해주진 않는다. 하지만 오고가는 대화와 논의 속에서 중요한 실마리들이 차차 모습을 드러내고 있다.

　(버크가 거듭 강조했듯) 성폭력 피해자와 생존자를 지지하

많은 사회 운동이 그렇듯이 미투 운동의 추동력은
단일하게 뭉쳐 있는 힘이라기보다 다양하고 독립적인
수백만 개의 목소리이다.

는 것이 미투 운동의 최우선 과제다. 가장 취약하고 소외된 피해자들이 이 모든 노력의 중심에 놓이도록 신경 써야만 한다.

　　미투 운동은 침묵을 강요당하고 피해를 입고도 비난받았던 성폭력 생존자들이 공개적으로 증언할 수 있는 자리를 만들어나갔다. 그러나 피해자를 향한 원색적인 조롱은 계속됐고 그들의 폭로와 증언을 믿지 않거나 다시금 침묵하도록 종용하는 일도 사라지지 않았다. 변화의 조짐이 약하게 보이고 있지만, 아직은 피해자의 말을 묵살하기가 조금(단지 조금) 어려워진 정도이다. 처벌받는 가해자는 일부(아주 일부)일 뿐이고, 법과 법조인들이 성폭력 사건을 다루는 방식도 딱 그만큼만 변했다. 하지만 성적 동의는 이제 뜨거운 화두가 되었다(긍정적인 방향도 있고 그렇지 않은 것도 있다). 하비 와인스틴과 도널드 트럼프가 저지른 성폭력이 재조명되고 일상에서 흔히 일어나는 위력에 의한 성폭력 문제가 수면 위로 올라왔다.

　　이제 우리에게 남은 질문은 다음과 같다. 이 시점에서 우리는 어느 방향으로 나아가야 하나? 오래 유지되는 의미 있는 변화란 어떤 것인가? 강간 문화는 대체 어떻게 해체할 수 있는가? 어떻게 해야 동의 문화가 정착될까? 이 과정에서 발생할지 모를 문제는 또 무엇인가?

강간 문화와 만연한 성폭력을 단단히 받쳐주는 요소들은 우리 사회에 내재해 있다. 법은 오래전부터 강간을 자율권과 인간의 고결함, 기본권을 짓밟는 범죄가 아니라 재산권 침해처럼 다루어왔다. 그리고 성폭력 근절 의지를 꺾는 법조계의 관행도 문제였다. 한편, 강간 최협의설과 '정상적' 성관계 담론, 그 주체와 방식에 대한 고정관념 등이 사회 곳곳에 스며 있어 스스로 내린 동의 결정과 개인의 자율성을 제한한다. 또 이런 흐름을 타고 작동하는 권력이 교묘하게 개개인의 욕구와 행동을 조종하여 결국 위험에 빠뜨리기도 한다. 너무나 많은 성폭력 피해자들이 지원과 치유를 필요로 하고 정의를 찾아달라고 외친다. 이제는 모두가 나서서 해결해야 할 때다.

법체계부터

법 개선이 근본적인 해결책인지는 지금까지도 논쟁의 여지가 있다. 일련의 운동을 통해 부부 강간이 범죄로 인정되고, 수사기관 및 법정에서 성폭력 피해자와 생존자를 대하는 태도가 개선되는 등 성과가 있었던 것은 사실이다. 하지만 실제로 성폭력 가해자 유죄 판결 비율이 높아지거나 성폭력이 감소하지는 않았다. 이 지점에서 형사사법 제도가 강간 문화를 재생산한 주범이라는 사실을 짚고 넘어가지 않을 수 없다. 법 개선이 지속적인 변화를 도모하는 운동의 유일한 버팀목은 아닐지라도, 형사사법 제도를 성폭력 문제를 다룰 만한 수준으로 만들기 위해서라도 법 차원의 변화는 꼭 필요하다.

강간의 법적 정의를 바꾸는 것은 여전히 많은 국가에서 요구되는 바다. 오직 유럽 여덟 개 국가만이 모든 비동의 성관계를 강간으로 간주할 뿐이며, 그중 세 개 국가(독일, 아이슬란드, 스웨덴)에서는 추가적 폭행이나 피해자의 물리적 저항이 강간 구성 요건에서 삭제된 지 불과 2년이 지나지 않았다.[3] 프랑스에서는 여전히 동의 여부보다는 폭행 또는 강제 결박, 위협, 기습 공격 등의 구성 요건이 갖춰져야 강간으로 인정된다. 또 노르웨이 법에서는 폭행, 위협, 저항 불가 상태를 따진다. 유럽 대부분 국가에서 '노'는 '노'가 아닌 셈이다.

강간과 기타 성범죄를 동의를 중심으로 정의하는 것은 형사사법 제도를 뜯어고치기 위한 첫걸음이다. 강간의 법적 정의가 동의를 중심으로 내려질 때 비로소 사람들은 동의 협상과 권력 작용의 현실을 곱씹어보게 된다. 여기서 핵심은 분명한 동의('싫다'라는 말을 하지 않는 것이 아니라 '좋다'라고 분명히 말하는 것)의 여부다. 물론 언제든 동의를 철회할 수 있는 권리가 전제되어야 한다.

문제는 동의 여부가 법조문에 확실히 들어가 있는 사법 제도에서조차 강간 피해자들은 보호받지 못한 채 2차 피해로 괴로워하는 반면, 가해자들은 요리조리 빠져나가기 일쑤라는 점이다. 활동가들은 2차 피해 방지를 위해서 애써왔으며 성과를 거두기도 했다. 예컨대 영국은 법정에 출석한 피해자가 칸막이 뒤에서 증언할 수 있도록 하고, 원고의 성생활 이력을 재판 중에 논하는 것(예외가 있기는 하다)을 금지했다.

강간을 신고하고 법정에서 증언하는 일은 피해자에게 엄청난 정신적 스트레스다. 2018년 북아일랜드에서는 프로 럭비 선수 두 명을 포함한 남성 가해자 네 명이 피고인으로 선 재판이 세간의 이목을 끌었다. 이 재판에서 원고는 무려 8일에 걸쳐 증언해야 했으며, 피고인들이 선임한 네 명의 변호인 각각에게 반대 심문을 받았으며, 방청객에서 간간이 들려오는 야유와 조롱에 그대로 노출되었다. 피고 측은 피해자가 물리적 저항을 하거나 비명을 지르지 않았다는 것은 곧 동의를 의미하며 피해자의 체내 상처가 질 삽입이 있었다는 확실한 증거는 될 수 없다고 주장했다. 끔찍한 세부 정황에도 불구하고 가해자 네 명 모두 무죄를 선고받았고, 피해자에게는 고통스러운 재판 경험만이 남았다.[4]

강간 신고 접수, 수사, 재판 그리고 그 이후까지 법이 강간 피해자를 대하는 방식을 개선하는 것은 시급한 과제이다. 수많은 피해자가 신고를 한 이후에 더 크게 좌절한다. 일단 형사사건에서 피해자는 원칙적으로 변호사를 선임할 수 없다. 영국과 캐나다에서 피해자의 법적 지위는 증인이며(한국도 마찬가지다—편집자 주), 이렇게 되면 피해자가 법적으로 받을 수 있는 도움의 폭이 크게 줄어들고, 결국 적대적인 법정 환경에 이렇다 할 준비도 없이 내던져지고 만다. 안타깝게도 가해자 측 변호인들은 이 상황을 유리하게 이용하는 방법을 잘 안다. 강간 문화와 성적 동의에 대한 몰이해가 법정에서 재생산되는 사례는 흔하다.[5] 강간을 정의하는 법조문에 동의 여부가 매우 강하게 적시된 나라에서도 피해자가 재판에서 적절한 도움을 제때 받지 못할 때, 가해자 측 변호인의 손아귀에서 동의는 아무 힘 없는 개념이 되고 만다. 포괄적인 훈련을 받은 전문가가 재판 과정 내내 피해자 곁을 지킬 수 있다면 큰 변화가 일어날 것이다.

조속한 개선이 필요한 또 다른 부분은 법의학적 증거 수집과 조사이다. DNA 증거가 강간 재판 결과를 좌우하는 열쇠라는 인식 탓에 강간 피해 신고자, 특히 강간 직후 신고자는 경찰에 성폭력 응급 키트 검사물을 제출하라는 요구를 받는다. 그런데 성폭력 응급 키트로 증거를 채취하는 과정은 인권 침해적이며 또 다른 트라우마를 남길 수 있다. 피해자가 이미 큰 트라우마를 겪은 직후이므로 더욱 심각한 문제다. 게다가 미국에는 수십만 개의 미처리 성폭력 응급 키트 채취물(제때 연구실에서 분석되지 않고 수집되기만 한 법의학 증거물)이 그저 한구석에 쌓이기만 하고 있다.[6]

　성폭력 응급 키트로 채취한 증거물이 강간 재판 결과에 얼마나 영향을 미치는지도 의심스럽다. 미확인 범인을 밝히는 데는 도움이 될 수 있지만, 강간 피해자 대부분은 범인을 알고 있다. 게다가 법의학적 증거는 '동의'에 대해서는 말이 없다. 이 증거가 특정인과의 성적 접촉 여부를 입증할 수는 있으나 그 성적 접촉에 동의가 있었는지 아닌지는 밝힐 수 없다. 성폭력 응급 키트는 결과에 아주 미약한 영향만 미칠 뿐이다.[7]

　더 폭넓은 변화를 이루려면, 법체계에 녹아 있는 인종차별, 이성애 규범성, 퀴어 혐오 등의 불평등과 억압을 살펴야 한다. 예를 들어, 가정 폭력이나 성폭력 사건에서 피해자와 가해자가 같은 성별인 경우, 경찰과 검사는 더더욱 피해자의 말을 불신하거나 오히려 피해자를 탓하고 비난한다.[8]

　강간 피해자가 유색인이거나 빈곤층이면 기소까지 가기도 힘들다. 경찰은 이들의 범죄 기록을 먼저 뒤지고 신뢰성을 의심하는 경향이 있다.[9] 그래서 많은 피해자가 성폭행 신고를 주저한다. 유색인 여성이 백인 여성보다 성폭력에 취약함에도 불구하고, 미국에서 신고된 강간 사건의 80퍼센트는 백인 여성에 의

한 것이다.[10]

동시에 유색인 남성 그리고(또는) 이슬람교도 남성은 피해자가 백인 여성인 성폭력 사건에서 백인 남성보다 기소될 가능성이 크다. 그들은 폭력 자체보다 인종과 종교 탓에 더 쉽게 기소된다. 2017년 영국의 한 국회의원은 '그루밍 갱' 가운데 파키스탄 태생 남성이 대부분일 수 있지만 결정적 증거는 부족하다고 보고했다.[11] 법, 특히 기득권자가 행하는 법의 집행은 법정 안과 밖 모두에서 성폭력 사건에 중립적이지 않다. 이런 상황에서 동의 여부는 자꾸 부차적인 문제로 밀리게 된다.

일상에서 문화까지

법 개선(법 개정이든 법 집행상의 개선이든)만으로는 강간 문화를 해체하고 동의 문화를 형성할 수 없다. 성과 젠더, 권력에 지대한 영향을 미치는 문화의 역할을 가볍게 여겨선 안 된다. 동의가 자기 욕구와 사적 경계를 개인끼리 협상하는 문제라고 생각하면 속이야 편하겠지만, 지금과 같은 조건에서는 협상 자체가 자유롭게 이루어질 수 없다. 여기서 말하는 문화는 음악, TV 프로그램, 영화 같은 대중문화와 일상생활뿐 아니라, 개인과 집단의 책임, 젠더에 관한 신념 등을 포괄한다.

성과 젠더, 권력에 지대한 영향을 미치는 문화의
역할을 가볍게 여겨선 안 된다. 동의가 자기 욕구와
사적 경계를 개인끼리 협상하는 문제라고 생각하면
속이야 편하겠지만, 지금과 같은 조건에서는 협상
자체가 자유롭게 이루어질 수 없다.

시작은 동의를 성적 문제 이외의 부분으로까지 확장하는 것이다. 우리 일상 전반에, 침실 바깥의 상호 관계에 진정한 동의 문화를 심는 것이다. 동의 문화는 친구, 가족, 동료, 모르는 사람과의 소통 방식에서 중요하다. 회사 야유회에 가지 않으려는 친구에게 함께 가자고 권해본 적이 있을 것이다. 가까이하고 싶지 않은 사람과 포옹해야 하는 곤란한 상황에 직면한 적도 있을 것이다. 이때 동의를 구하거나 이에 답하는 적절한 각본이 있는가. 이제 우리는 누군가에게 포옹을 제안하는 적절하고 일반적인 방식을 고민하고, 그 제안을 받아들이거나 거절하는 법도 알아야 한다. 그리고 거절의 표현을 더 잘 들을 준비를 해야 한다. 거절 의사가 직접적이든 알아채기 힘들든 상관없이.

두 번째는 강간 문화를 굳건히 지탱하는 담론을 통한 권력 작용에 민감하게 대응하고 그것을 해체하는 것이다. 우리는 강박적 성애 개념이 소외 집단에 어떤 나쁜 영향을 미치는지 더 잘 이해해야 한다. 또한 전통적인 성 역할과 섹슈얼리티에 대한 지배적 담론을 끊임없이 추궁하고, '정상적'이고 '인정되는' 성관계와 그것의 '정해진 방식'을 깨야 한다.

마지막으로 어린이와 청소년에게 무엇을 가르칠지 고민해야 한다. 예컨대, 어린아이는 신체 능력이 부족한 만큼 자율권을 제한받는다. 어떤 면에서는 어른과의 대화나 교육을 통해 학습하는 적절한 것과 부적절한 것을 나누는 기준에 더 얽매인다고도 할 수 있다. 물론 아이에게 가능한 한 많은 자율권을 부여하는 것과 아이를 잘 보살피는 것 사이에서 균형점을 찾기는 매우 어렵다. 이 닦기, 약 먹기, 날씨에 맞는 옷 입기, 병원 가기 등 아이가 자율권을 행사할 수 없게 만드는 폭탄은 여럿이다. 하지만 아이에게 애정 표현을 하는 것이나 누군가에게 아이더러 애정 표현을 해보라고 하는 것 등 딱히 해로워 보이지 않는 행동들이 자칫 잘못된 메시지를 전하는 경우가 많다. 교육에서 신체적 자율권을 원칙으로 삼는다는 것은, 아이에게 꼭 해야 하는 일의 이유를 시간을 들여 신중히 설명한다는 것이고, 마찬가지로 아이가 싫어하는 일의 이유를 이해하는 데 시간을 들이고 갈등이 생기면 참신한 해결책을 찾는다는 것이다.

　물론 보호자가 이렇게 하기 힘든 구조적 문제가 있다. 아이가 필요한 만큼의 주의와 관심을 기울이지 못하는 사정 또한 언제나 있다. 아이에게 옷을 고를 자율권을 주는 보호자를 보육 기관이 곱게만 보는 것도 아니다. 특히 보호자와 아이 모두 소수자일 때 더욱 그렇다. 정규 교육 과정에 자율권을 제한하는 요소가 워낙 많다 보니 보호자들도 그에 대응하거나 타협할 방법을 고민하게 된다. 진정한 동의 문화가 자리 잡힌다면, 이런 근본적인 문제도 해결되지 않을까. 보호자와 공동체 모두 아이에게 신체적 자율권 의식을 키우는 교육을 하게 될 날을 손꼽아

기다려본다.**12**

정규 교육은 동의 문제를 더 적극적으로 다뤄야 한다. 학년에 관계없이, 동의 이슈를 끼워 넣은 것이 아니라 이것이 중심이 되는 성교육이 시행되어야 한다. 그리고 교육 시스템이 개인의 자율권에 미치는 영향을 가늠하는 한편, 어린이와 청소년이 학교에서 받는 성차별에 어떻게 강간 문화가 재현되고 있는지 검토해야 한다. 가령 여학생이 남학생의 행동 교정 및 진정에 영향을 주리라 기대하면서 여자-남자를 짝지어 앉히는 것 같은 교육 관행은 어쩌면 어울리고 싶지 않은 사람과 억지로 가까이 지내게 강요하는 것일지 모른다. 그리고 이는 남성의 행동을 여성이 책임지게 하는 성차별적 문화를 그대로 옮겨놓은 꼴이다. 교복과 복장 규정은 아이들의 자율권을 박탈하며 자기 표현 능력을 제한한다. 이런 구조적 문제에 대항하여 개선을 꾀하는 데는 오랜 시간이 걸릴 것이다. 하지만 동의 문화를 공고히 하기 위해 지나칠 수 없는 과제이다.

대중문화의 중요성은 여러 번 말할 필요 없겠다. 미국에서 미투 운동이 이토록 관심을 받은 것은 할리우드의 유명 프로듀서 하비 와인스틴의 강간 혐의를 폭로한 사람의 수와 그것의 심각성 때문이었다. 그리고 엔터테인먼트 산업 내 수많은 유명인에 대한 강간 의혹들이 제기되면서 주류 문화를 생산하는 사람들이 강간 문화에 젖어 있을 뿐 아니라 그중 대다수가 가해자라는 사실을 분명히 알게 되었다. 이제 눈에 불을 켜고 대중문화를 생산하는 사람들의 면면을 살펴야 한다. 그리고 더 많은 다양성을 추구하고, 그렇게 생산된 작품들에 보상을 해줘야 한다. 주류 대중문화에서 다채로운 경험과 관점이 표현될 때야 비로소 건설적으로 동의 문제를 탐구할 기회가 많아질 것이다.

대중문화가 동의 문화 형성을 위해 제일 먼저 할 일은 일상의 소통이 동의를 중심으로 흘러가도록 일종의 표준 각본을 만드는 것이다. 예컨대, 부모가 자녀의 신체 자율권을 존중하는 모습을 보여주거나 친구 사이에 포옹을 제안하는(그러나 강요하지 않는) 장면을 연출할 수 있다. 또한 다양한 성적 관계를 표현함으로써 우리 스스로 새로운 성 각본을 쓰도록 도울 수 있다. 더 많은 퀴어와 작업을 함께 하고 더 자주 동의 협상(철회 또한 존중되는) 장면을 넣어, 남녀 성기 결합이 누리는 특권에 도전할 가능성과 방안을 제시할 수만 있어도 일단은 충분하다. 그리고 이런 노력들은 디즈니부터 PG-13(13세 미만 보호자 동반 요망) 등급 작품에서 흐릿하게 처리되는 장면들, 그리고 포르노그래피에 이르기까지 시청 가능 연령과 상관없이 여기저기에서 시도되어야 한다(「데드풀」이 했다면 다른 작품도 할 수 있다!). 여기 언급한 과제들은 그저 출발점일 뿐이다. 법적 개선과 피해자에 대한 지지와 함께하는 출발점이다.

백래시: 무관심과 조롱, 포섭, 회유, 알려진 가해자 단죄

강간 문화는 가부장제, 자본주의, 인종차별, 장애인 차별, 시스젠더-이성애 중심주의, 강박적 성애, 그리고 이 시스템의 수혜자들에 이르기까지, 거대한 권력과 억압 시스템의 일부다. 사적 경계를 침해하고도 그 사실을 무마하고 묵살하는 태도와 섹슈얼리티를 우월 집단과 열등 집단을 나누는 잣대로 삼고 성폭력을 '합법화'하며 피해자를 탓하고 2차 피해를 스스럼없이 입히는 사회 환경도 마찬가지다. 이 시스템은 변화를 막고 그에 저항해 살아남았다.

역사적으로 강간 문화는 피해자에 대한 침묵 강요, 남성 성욕 담론이나 강박적 성애 개념처럼 지배적 관념에 의해 재생산되어왔다. 우리가 이것을 '당연한 것'으로 받아들일수록 강간 문화는 우리 눈을 가리고 더 활개를 쳤다. 언제 어디에나 있는 성폭력과 그것을 가능하도록 뒷받침하는 문화적 환경을 인지하기까지 끈질긴 페미니즘 운동과 캠페인 그리고 지식의 축적이 필요했다. 미투 운동과 이에 대한 대중의 관심은 이런 노력의 결과이다.

이제 침묵을 강요하는 전략은 효력을 잃었다. 그렇다면 어떤 백래시 전략이 미투 운동을 가로막을까? 수많은 백래시와 포섭, 회유를 경험한 페미니스트들은 그것을 잘 안다. 강간 문화의 수혜자들이 미투 운동으로 인한 변화 요구를 축소하려 애쓰는 과정에서 우리는 그 조짐들을 느끼고 있다.

안티 페미니즘은 새롭지도 않다. 투표권, 노동권, 재생산권 등 여성 운동이 내놓은 중요한 요구마다 조롱과 폭력까지 다양한 백래시가 있었다. 백래시는 국가가 주도하기도 했고(여성 참정권 운동가들을 투옥하고 단식 투쟁 중인 운동가에게 음식물을 강제투여했던 사건 등), 시민사회 차원(조직적인 참정권 반대 운동)에서 일어나기도 했다.

　반성폭력 운동에 대한 백래시는 역사가 길다. 예를 들어보자. 1991년에 미국 안티오크 대학의 한 페미니스트 단체가 캠퍼스 강간과 데이트 강간 관련 캠페인을 벌였고, 대학 당국은 '말을 통한 지속적 동의' 여부로 강간을 규정하도록 성책과 교칙을 수정했다. 즉, 육체적 관계가 진행되는 내내 서로 동의가 유효한지 말로 확인할 의무가 있다고 강조한 것이다. 이로 인해 학내 강간 가해자들은 징계를 받거나 퇴학당했다.

　안티오크 대학의 사례는 뉴스 방송을 타고 전국에 퍼졌고, 누구나 이 이야기를 했다.**13** 하지만 여론은 극도로 부정적이었다. 1993년 「새터데이 나이트 라이브」(Saturday Night Live)에 나왔던 '이것이 데이트 강간?'이라는 콩트만 봐도 짐작할 수 있다. 이 콩트에는 한 남학생이 여학생에게 그녀의 옷차림을 칭찬해도 되는지, 입에 키스해도 되는지, 엉덩이를 만져도 되는지 과장되게 물어보는 장면이 나온다.**14** 이것 말고도 안티오크 대학 정책에 조롱을 던지는 백래시는 많았다. 당시 사람들은 성적 관계에서 동의에 초점을 맞추는 것 자체가 비현실적 기대이며, 말로 동의 여부를 확인하면 '분위기를 망치고' 덜 '자연스러워'진다고 말하곤 했다.

지금은 어떤가. 주요 매체는 미투 운동에 관심을 주지 않는 백래시 전략을 채택한 반면, 몇몇 평론가는 동의 협상이 형식에 매몰된 단계이며 너무 복잡하고 섹스의 즐거움을 반감시킨다고 비난했다. 도널드 트럼프가 대통령 후보자였을 당시 '여성의 성기'를 움켜쥘 수 있다고 뽐내는 목소리가 담긴 테이프가 공개된 후, 라디오 프로그램 진행자였던 러시 림보는 동의가 성행위를 허락해주는 결정권자냐며 조롱했고,**15** 이에 찬동하는 사람은 '강간 경찰'이라면서 5분을 할애해가며 비난을 퍼부었다. 유명 남자 연예인들은 이런 상황에서 어떻게 여성에게 관심을 표할 수 있겠느냐고 비꼬거나 성폭력만 강조하는 캠페인이 '연애를 범죄화'한다고 반발하기도 했다.**16**

하지만 지금 확산되고 있는 백래시는 조롱의 수준을 넘어섰다. 미국 부통령 마이크 펜스를 포함하여 정·재계의 힘 있는 사람들은 성희롱으로 고발당할까 무서워 여성과 일대일로 이야기 나누지 않기로 했다는 입장을 내놨다.**17** 여기에 숨겨진 의미는 분명하다. 여성들이 계속해서 문제를 일으킨다면 그 대가로 그들의 직장과 생계를 잘못되게 할 수 있는 경고인 것이다. 한편, 크리스틴 블래시 포드 박사가 브렛 캐버노의 강간 미수에 대해 법정 증언을 했음에도 불구하고 그는 미국 연방대법원 대법관에 임명되었다. 이것은 국가 차원의 백래시다. 미투 운동에 대한 대중매체의 백래시 현상은 어떻게 보면 20년 전 안티오크 대학 사태 때보다는 약한 듯하지만, 백래시는 여전히 건재하며 과거와 같은 방식으로, 게다가 국가의 조력을 받으며 강간 문화를 지켜내고 있다.

또 다른 백래시 전략은 포섭이다. 변화 요구를 얼마간 수용하거나 운동 세력의 특정 인물을 등용하는 것 등이 여기 포함된다. 이런 식의 인사를 통해 다음 계획을 성사시킬 수도 있지만 더 급진적인 요구는 무마한다. 그린워싱(기업이나 정부가 친환경을 위장하는 것)이나 핑크워싱(성 소수자 친화적이라고 위장하는 것, 또는 다른 집단에 대한 억압을 정당화하기 위해 성 소수자 이슈를 이용하는 것)도 포섭 전략의 예다.

성 소수자의 권리와 소수 민족 및 종교의 권리를 경쟁시키는 것도 일종의 핑크워싱이다. 가령, 성 소수자에 대한 개방성과 관용을 자랑하는 네덜란드는 비(非)백인이나 무슬림 이주자를 배제하는 분위기를 정당화할 때 그들과는 가치관이 다를 뿐이라는 그럴싸한 이유를 대가며 관용을 들먹인다. 성 소수자의 결혼 평등권이 제도화된 나라에서조차 빈곤, 인종차별, 트랜스젠더 혐오, 홈리스 청소년 등 더 취약한 성 소수자에게 영향을 주는 문제는 외면하기도 한다. 국가는 변화를 제한적으로나마 수용했다는 핑계로 성 소수자 운동을 멋대로 끌어다 쓰기도 하고, 퀴어 집단을 억압하고 인종차별이나 이슬람 혐오 같은 다른 억압을 재생산하는 데 이용하기도 한다.[18]

미투 운동과 반성폭력 운동을 '정치적으로' 이용하는 모습도 있었다. 유럽과 미국의 우파는 반이민 정책을 정당화하는 이유로 '여성 보호'를 내세웠다. 도널드 트럼프 미 대통령은 멕시코 이주자를 '강간범'으로 몰아세웠고, 독일에서는 새해 전야제 당시 발생한 성폭행 사건들을 반이슬람, 반이주 담론을 강화하는 데 이용했다. 독일은 이 사건을 계기로 동의 여부를 강조하는 방향으로 강간법을 개정하는 한편, 이주자 강제 추방을 용이하게 하는 법률을 제정하기도 했다.

미투 운동이 회유 때문에 흔들리는 조짐도 종종 보인다. 사회 전체의 구조적 변화를 도모하는 대신 특정 가해자를 집어내 확실히 처벌하는 모습을 보여주는 것은 회유의 한 방법이다. 성희롱과 성폭력 혐의로 처벌받지 않는 사람이 더 많다는 점이 이를 방증한다. 이 맥락에서 미국의 코미디언 빌 코스비와 배우 케빈 스페이시의 사건을 면밀히 살펴볼 필요가 있다.

코스비는 같은 여성을 세 차례 강간한 혐의로 고소되어 2018년 4월 유죄 판결을 받았다. 이는 미국에서 피해자에 대한 정의 실현을 보여준 첫 번째 포스트-미투 판결이었다. 하지만 사건 자체는 미투 운동 시작보다 앞선다. 코스비는 2004년에 저지른 성폭행으로 2015년에 고소당했고, 2017년 6월에 열린 첫 재판에서 배심원단은 결론을 내리지 못한 채 5일을 보내고 결국 심리 무효를 선언했다. 미투 운동이 한창일 때 열린 두 번째 재판에서 판사는 코스비를 고소한 다른 다섯 명의 고소인이 증언을 하도록 허락했고, 이 증언들이 유죄 판결에 크게 기여한 것으로 보인다. 이 결과를 어떤 변화의 징조로 볼 수도 있지만, 한 번의 유죄 판결을 위해 수많은 여성의 공개 폭로와 여섯 명의 증언이 있어야 했다는 점을 잊어서는 안 된다.

내가 이 글을 쓰고 있을 때 성폭력 가해 혐의로 응당한 처분을 받은 또 다른 유명인은 케빈 스페이시다. 스페이시는 배우 앤서니 랩이 열네 살이었을 때 그를 성폭행한 혐의로 고소되었는데, 자신이 게이라는 사실을 알리며 성폭행 혐의를 벗어보려 했으나 성공하지 못했다. 그는 「하우스 오브 카드」에서 즉시 퇴출되었고, 거의 모든 매체가 그의 사건을 비판적으로 다루었다.

미투 운동의 여파로 신속하게 처리(하나는 법적으로, 하나는 직업적으로)된 사건들의 가해 남성이 한 명은 흑인, 한 명은 게이라는 점이 흥미롭다. 동시에 신뢰할 만하고 확실한 증거가 있는 가정 폭력 혐의가 제기된 조니 뎁은 여전히 주인공에 캐스팅되고 있으며, 워너 브러더스, 디즈니, 디올 등의 기업 광고에도 등장한다. 할리우드를 벗어나도 마찬가지다. 정치권에서는 강간 미수 혐의에 대한 증거가 있는데도 불구하고 브렛 캐버노가 미 연방대법원 대법관으로 임명되는 사례가 있었다.

코스비와 스페이시에 대한 처분이 부당하다는 소리가 아니다. 당연히 처벌을 받아 마땅하다. 다만, 같은 업계 내에서도 수많은 남성이 성범죄로 고소되었고 그 숫자가 점점 늘고 있는 와중에, 처벌의 대상이 되고 실제로 처분이 내려지는 과정에서 특권과 억압의 패턴이 보인 듯도 하다. 최악은 강간 문화를 종식하는 근본적인 변화는 이루지 못한 채 미투 운동의 동력을 약화하기 위해 두드러지는 몇 명만 처벌하는 것이다.

페미니스트 평론가와 진보적인 좌파 성향의 평론가 가운데에는 미투 운동이 성 문화에 또 다른 혼란을 가져왔다고 보는 이도 있다. 그들의 우려는 두 가지로 압축된다. 하나는 성폭력에 초점을 맞춘 강력한 운동이 성관계 자체를 통제하는 것으로 이어져 성에 대한 보수화가 나타날 수 있으며, 이것이 성 소수자와 비규범적 성행위를 억압할 수 있다는 점이고, 다른 하나는 성폭력 사건에서 가해 용의자가 해고되거나 사퇴하는 방식, 즉 법이나

여타 절차를 밟지 않은 결과들이 나오고 있다는 점이다.[19]

그러나 이런 현상이 성폭력에 대한 인식을 제고하고 정의를 요구하는 데 문제가 되진 않는다. 그저 현주소를 알려줄 뿐이다. 미투 운동을 이용해 퀴어, 비규범적 성관계와 섹슈얼리티를 억압하는 것은 포섭의 한 예이므로 반드시 경계해야 한다. 사법 절차를 밟지 않은 처벌 현상을 경계하는 마샤 게센 같은 비평가조차 형사사법 제도가 성폭력을 다른 범죄만큼 잘 다루지 못하며 성폭력 사건의 증거 채택 기준이 더 높다고 인정한다. 우리는 성폭력과 동의 문제에서 법이 궁극적이고 최종적인 판단인 것처럼 떠받드는 현상을 조심해야 한다. 법에만 얽매이지 말고 변형적 정의 접근에 관심을 기울이면서, 생존자를 지지하며, 지속적인 변화를 이루는 데 집중한다면 더 좋은 방향으로 나아갈 수 있을 것이다.

다음은?

미투 운동은 수십 년에 걸친 페미니즘 운동의 줄기에서 뻗어 나온 힘들의 집합이다. 만연한 성폭력과 이를 조장하고 재생산하는 문화에 경각심을 불러일으키는 한편, 다양한 분야의 여성 운동과 결합해 동의 문화의 중요성을 알리고 성폭력 피해자를 지지하는 데 힘을 보탰다. 그 힘이 대단한 만큼 강간 문화에 공모하고 그로부터 수혜를 입은 집단의 백래시가 고개를 들면서 미투 운동의 요구를 좌절시키려는 움직임도 포착되고 있다.

변화는 더디고, 바랐던 만큼 대단히 바뀌지 않은 채 운동이 끝나는 경우는 너무나 많다. 권력 시스템을 완전히 해체하기는 어렵고 시간도 오래 걸린다(수 세기가 필요할 수도 있다). 과정은 순차적이지 않고 시행착오도 피할 수 없다. 미투 운동이 확실한 진전을 이끈 부분이 분명 있지만, 우리가 목표로 하는 동의 문화에 필요한 근본적인 변화까지는 이끌지 못한 채 꺾이고 순치될 가능성도 배제하긴 어렵다. 그렇다고 활동가과 온라인 커뮤니티 안에서만 오가던 목소리가 모두에게 가 닿고, 일상에서 논해지는 주제가 된 것을 과소평가해서는 안 된다. 변화는 느리지만 결코 불가능하지 않다. 작지만 확실한 성취에 충분히 기뻐하면서 최종 목표에서 눈을 떼지 않는 것이 중요하다. 목표에 도달할 때까지 운동이 무산되지 않도록, 포섭되거나 회유되지 않도록 주의해야 한다. 그리고 우리 스스로 동의 문화를 실천해야 한다.

용어 해설

가부장제(patriarchy)

남성이 지배적 권력을 휘두르고 여성과 다른 젠더는 소외되고 억압받는 사회 체계.

강간(rape)

대부분의 법은 삽입 행위가 포함된 성교만을 강간으로 본다. 동의 없는 삽입을 강간으로 인정하는 나라도 있고, 신체적 폭력이나 위협을 필수 요건으로 고려하는 나라도 있다.

강간 문화(rape culture)

성폭력이 만연하게 만드는 신념, 관습, 태도의 총체. 강간을 둘러싼 근거 없는 고정관념과 가해자가 아니라 피해자를 비난하는 태도 등이 포함된다.

논바이너리(non-binary)

남성 또는 여성 외의 젠더 스펙트럼을 가진 사람. 젠더플루이드(genderfluid), 젠더퀴어(genderqueer), 데미걸(demigirl), 데미보이(demiboy), 에이젠더(agender), 뉴트로이스(neutrois) 등이 있다.

논바이너리가 자신을 넓은 의미의 트랜스젠더라고 생각할 수도 있고 아닐 수도 있다.

동의(consent)

성과 관련하여 볼 때, 한 사람 또는 여러 사람과 함께 할 성행위에 대해 자발적으로 내린 승낙 결정.

무성애자(asexual)

타인에게 성적 끌림을 느끼지 않는 사람. 반대말은 유성애자.

성폭력(sexual violence)

동의 없이 행해진 모든 성적 행동. 법적 정의는 사법 제도에 따라 다르다.

시스젠더(cisgender)

자신이 타고난 '지정 성별'과 본인이 정체화하고 있는 젠더 정체성이 '동일하다'고 느끼는 사람.

시스젠더 중심주의(cisnormativity)

모든 사람은 시스젠더라고 가정하고 사회제도와 문화적 표현을 여기에만 맞추는 것.

에이로맨틱(aromantic)

타인에게 로맨틱한 끌림을 느끼지 않는 사람. 반대말은 알로로맨틱(alloromantic). 에이로맨틱인 사람은 타인보다 드물게 로맨틱한 끌림을 느끼기도 하고, 알로로맨틱과는 다른 방식으로 느낄 수도 있다. 무성애자와 에이로맨틱 커뮤니티는 다양한 종류의 끌림(성적 끌림, 로맨틱한 끌림, 심미적 끌림 등)을 구별하여 섹슈얼리티를 이해하는 데 크게 기여했다. 로맨틱한 끌림과 섹슈얼한 끌림이 반드시 연관이 있는 것은 아니며, 둘 다 경험할 수도 있고 아닐 수도 있다.

이성애 중심주의(heteronormativity)

모든 사람은 이성애자라고 가정하고 사회제도와 문화적 표현을 여기에만 맞추는 것.

퀴어(queer)

성 소수자를 의미하는 광범위한 용어. 게이, 레즈비언, 바이섹슈얼, 범성애자(pansexual), 무성애자, 에이로맨틱, 간성인, 트랜스젠더를 포함한다(하지만 여기에만 국한되는 것은 아니다). 자신의 젠더와 성 지향성을, 혹은 둘 중 하나를 설명하기 위해 '퀴어'라는 말을 쓸 수 있다.

트랜스젠더(transgender)

자신이 타고난 '지정 성별'과 본인이 정체화하고 있는 젠더 정체
성이 다르다고 느끼는 사람.

더 읽을거리

Attwood, Feona. "Reading Porn: The Paradigm Shift in Pornography Research." *Sexualities* 5, no. 1 (2002).

AVEN, the Asexuality Visibility and Education Network. https://asexuality.org/.

Barker, Meg-John, Rosalind Gill, and Laura Harvey. *Mediated Intimacy: Sex Advice in Media Culture* (Cambridge: Polity, 2018).

Crenshaw, Kimberle. "Mapping the Margins: Intersectionality, Identity, Politics, and Violence against Women of Color." *Stanford Law Review* 43, no. 6 (1991).

Deer, Sarah. "Decolonizing Rape Law: A Native Feminist Synthesis of Safety and Sovereignty," *Wičazo Ša Review* 24, no. 2 (2009).

Downing, Lisa. "What Is 'Sex Critical' and Why Should We Care About It?" Sex Critical (blog), July 27, 2012, http://sexcritical.co.uk/2012/07/27/what -is-sex-critical-and-why-should-we-care-about-it/.

Engle, Gigi. "A Guide to Anal Sex." *Teen Vogue*, May 16, 2018.

https://www.teenvogue.com/story/anal-sex-what-you-need-to-know.

Friedman, Jaclyn, and Jessica Valenti, eds. *Yes Means Yes: Visions of Female Sexual Power and a World without Rape* (Berkeley: Seal Press, 2008).

Gavey, Nicola. *Just Sex?: The Cultural Scaffolding of Rape* (Abingdon, UK: Routledge, 2013).

Gupta, Kristina. "Compulsory Sexuality: Evaluating an Emerging Concept." *Signs: Journal of Women in Culture and Society* 41, no. 1 (2015).

Hancock, Justin, and Meg-John Barker. *Enjoy Sex (How, When and If You Want To): A Practical and Inclusive Guide* (London: Icon Books, 2017).

Harrad, Kate, ed. *Purple Prose: Bisexuality in Britain* (Portland, OR: Thorntree Press, 2016).

Jo. "Sex Positivity, Compulsory Sexuality, and Intersecting Identities." A Life Unexamined (blog), June 27, 2012. https://alifeunexamined.wordpress.com/2012/06/27/sex-positivity-compulsory-sexuali y-and-intersecting-identities/.

Karnythia. "On Consent, Sex-Positivity, & Cultures of Color after Colonization." The Angry Black Woman (blog), August 25,

2011. http://theangryblackwoman.com/2011/08/25/on-con-sent-sex-positivity-cultures-of-color-after-colonization/.

Kitzinger, Celia, and Hannah Frith. "Just Say No? The Use of Conversation Analysis in Developing a Feminist Perspective on Sexual Refusal." *Discourse & Society* 10 (1999).

Philly's Pissed. *Learning Good Consent.* https://www.phillyspissed.net/sites/default/files/learning%20good%20consent2.pdf.

McRuer, Robert. "Compulsory Able-Bodiedness and Queer/Disabled Existence." In *The Disability Studies Reader* (2nd ed.), ed. Lennard J. Davis, pp. 301~308 (Abingdon, UK: Taylor & Francis, 2006).

Meg-John and Justin. Podcast website. https://megjohnandjustin.com/.

Pateman, Carole. "Women and Consent." *Political Theory* 8, no. 2 (1980).

Pause, Cat. "Human Nature: On Fat Sexual Identity and Agency." In *Fat Sex: New Directions in Theory and Activism*, eds. Helen Hester and Caroline Walters, pp. 37~48 (Farnham, UK: Ashgate, 2015).

Smart, Carol. *Feminism and the Power of Law* (London: Routledge, 1989).

Tellier, Stephanie. "Advancing the Discourse: Disability and BDSM." *Sexuality and Disability* 35 (2017).

Temkin, Jennifer, Jacqueline M. Gray, and Jastine Barrett. "Different Functions of Rape Myth Use in Court: Findings from a Trial Observation Study." *Feminist Criminology* 13, no. 2 (2016).

What About the Rapists? Anarchist Approaches to Crime and Justice. http://dysophia.org.uk/wp-content/uploads/2014/09/Dys5-WhatAboutTheRapistsWeb2.pdf.

주

1장

1   Sylvia Walby and Jonathan Allen, *Domestic Violence, Sexual Assault and Stalking: Findings from the British Crime Surve* (London: Home Office, 2004).

2   Michele Burman and Oona Brooks-Hay, "Victims Are More Willing to Report Rape, So Why Are Conviction Rates Still Woeful?," *The Conversation*, March 8, 2018, https://theconversation.com/victims-are-more-willing-to-report-rape-so-why-are-conviction-rates-still-woeful-92968.

3   Sameena Mulla, *The Violence of Care: Rape Victims, Forensic Nurses, and Sexual Assault Intervention* (New York: New York University Press, 2014).

4   Sue Lees, "Judicial Rape," *Women's Studies International Forum* 16, no. 1 (1993).

5   페미니스트 작가 미셸 골드버그는 『뉴욕 타임스』 기고문에서 "결국 얼마나 많은 여성이 이러지 말라고 빌었는지, 얼마나 많은 여성이 천천히, 그만, 제발 하지 말라고 말했는지는 중요하지 않았다. 이 글을 쓰는 지금도 상원에 있는

공화당원들은 브렛 캐노버를 밀어 넣고 있을 것이 분명하다"라고 썼다. Michelle Goldberg, "A Supreme Violation," *New York Times*, October 4, 2018, https://www.nytimes.com/2018/10/04/opinion/kavanaugh-fbi-supreme-court-republicans.html.

6   See, for instance, Tamar Dina, "The Problem with Consent," The Coast, December 14, 2017, https://www.thecoast.ca/halifax/the-problem-with-consent/Content?oid=11456174.

7   Carole Pateman, "Women and Consent," Political Theory 8, no. 2 (1980).

2장

1   Catharine MacKinnon, Toward a Feminist Theory of State (Cambridge, MA: Harvard University Press, 1989), and "Reflections on Sex Equality under Law," Yale Law Journal 100, no. 5 (1991).

2   Lois Pineau, "Date Rape: A Feminist Analysis," Law and Philosophy 8, no.2 (1989).

3   '노 민스 노'와 '예스 민스 예스' 모델에 대한 개괄과 부분적인 비판은 Michelle J. Anderson, "Negotiating Sex,"

Southern California Law Review 41 (2005) 참조.

4   '성 비평'은 리사 다우닝이 고안한 용어로, '동의 협상'보다
    폭넓은 관점이라고 할 수 있다. 이에 대해 좀 더 알고 싶다
    면 Lisa Downing, "What Is 'Sex Critical' and Why Should
    We Care About It?," Sex Critical (blog), July 27, 2012, http://
    sexcritical.co.uk/2012/07/27/what-is-sex-critical-and-why-
    should-we-care-about-it/ 참조.

5   Kimberlé Crenshaw, "Mapping the Margins: Intersectionality,
    Identity, Politics, and Violence against Women of Color,"
    Stanford Law Review 43, no. 6 (1991); Angela Y. Davis,
    "Rape, Racism, and the Capitalist Setting," *The Black Scholar*
    9, no. 7 (1978).

6   인종차별의 영향과 흑인여성의 섹슈얼리티 경험과 관련한
    인종화된 강간 신화에 대해서는 Karnythia, "On Consent,
    Sex-Positivity, & Cultures of Color after Colonization,"
    The Angry Black Woman (blog), August 25, 2011, http://
    theangryblackwoman.com/2011/08/25/on-consent-sex-
    positivity-cultures-of-color-after-colonization/ 참조. 토착
    민 여성에 대한 성폭력 관련 미국 형사사법 제도를 비판하
    는 내용은 Sarah Deer, "Decolonizing Rape Law: A Native
    Feminist Synthesis of Safety and Sovereignty," *Wičazo Ša*

Review 24, no. 2 (2009) 참고. 이민 여성의 성폭력 경험에 법적 구조가 미치는 영향에 대한 설명은 Miriam Zoila Pérez, "When Sexual Autonomy Isn't Enough: Sexual Violence against Immigrant Women in the United States," in *Yes Means Yes: Visions of Female Sexual Power and a World without Rape*, eds. Jaclyn Friedman and Jessica Valenti (Berkeley, CA: Seal Press, 2008) 참조.

7 인간의 섹슈얼리티에 관해 법이 무엇을 하고 또 어떤 부분에는 가치를 두지 않는지, 그리고 개혁 방향은 어떠해야 하는지 심도 있는 논의는 Nicola Lacey, *Unspeakable Subjects: Feminist Essays in Legal and Social Theory* (Oxford: Hart, 1998) 참조.

8 See United States Department of Justice, "An Updated Definition of Rape," https://www.justice.gov/archives/opa/blog/updated-definition-rape (2012).

9 Amnesty International, "Sex without Consent Is Rape. So Why Do Only Nine European Countries Recognize This?," https://www.amnesty.org/en/latest/campaigns/2018/04/eu-sex-without-consent-is-rape/ (2018).

10 Molly Redden, "'No Doesn't Really Mean No': North Carolina Law Means Women Can't Revoke Consent for

Sex," *Guardian*, June 24, 2017, https://www.theguardian.com/us-news/2017/jun/24/north-carolina-rape-legal-loophole-consent-state-v-way.

11 법이 가지는 특별한 지위와 그것이 페미니즘 이슈에서 가지는 의미가 무엇인지에 대한 상세한 분석은 Carol Smart, *Feminism and the Power of Law* (London: Routledge, 1989) 참고.

12 수 리즈는 사건 조사, 증거 수집, 재판을 하는 동안 형사사법 제도가 강간 피해자에게 2차 피해를 가하는 상황을 특정하기 위해 '사법 강간'이라는 용어를 만들었다. Sue Lees, "Judicial Rape," *Women's Studies International Forum* 16, no. 1 (1993). 이를 구체적인 예로 다룬 문헌은 다음과 같다. 우선, 포렌식 증거 수집(또는 강간 키트)의 문제적 속성을 다룬 것으로는 Sameena Mulla, *The Violence of Care: Rape Victims, Forensic Nurses, and Sexual Assault Intervention* (New York: New York University Press, 2014); 재판에서 '극도의 저항' 기준이 어떻게 피해자를 옭아매는지에 대해서는 Susan Estrich, "Rape," *Yale Law Journal* 95 (1986); 강간 재판의 적대적 성격과 피고 측 변호인이 어떤 언어를 씀으로써 강간의 책임을 가해자에게서 피해자에게로 전가하는지를 보여주는 Susan Estrich, *Representing Rape: Language and Sexual Consent* (New York: Routledge, 2003); 피고 측 변호인이 어

떻게 강간 신화를 이용하는지, 그리고 판사와 검사에 여기에 이의를 제기하지 않는 현실에 대한 연구로는 Jennifer Temkin, "Different Functions of Rape Myth Use in Court: Findings from a Trial Observation Study," *Feminist Criminology* 13, no. 2 (2016) 참고.

13 Deer, "Decolonizing"; A. Big Country, "Non-Natives Are Using This Tribal Law Loophole to Rape Indigenous People," *Wear Your Voice*, October 19, 2016, https://wearyourvoicemag.com/identities/race/tribal-loophole-rapists.

14 Smart, "Feminism."

3장

1 Rockstar Dinosaur Pirate Princess, "Consent: Not Actually That Complicated," http://rockstardinosaurpirateprincess.com/2015/03/02/consent-not-actually-that-complicated/.

2 Meg-John Barker, Rosalind Gill, and Laura Harvey, *Mediated Intimacy: Sex Advice in Media Culture* (Cambridge: Polity, 2018).

3 See for instance Kristen Jozkowski and Zoe D. Peterson, "College Students and Sexual Consent: Unique Insights,"

Journal of Sex Research 50, no. 6 (2013).

4 성적 상황이든 아니든 동의를 묻는 것에 관한 필요를 상세히 논하는 문헌으로는 Hazel/Cedar Troost, "Reclaiming Touch: Rape Culture, Explicit Verbal Consent, and Body Sovereignty" in *Yes Means Yes: Visions of Female Sexual Power and a World Without Rape*, eds. Jaclyn Friedman and Jessica Valenti (Berkeley, CA: Seal Press, 2008) 참조.

5 이 책은 기본적인 질문에 답하려고 할 뿐이고 기본적으로 자기 계발이나 섹스 어드바이스 책은 아니다. 더 살펴볼 자료로는, Friedman and Valenti, eds., *Yes Means Yes*, chapters 14, 15; Philly's Pissed, *Learning Good Consent*, https://www.phillyspissed.net/sites/default/files/learning%20good%20consent2.pdf; Meg-John Barker, *Rewriting the Rules: An Integrative Guide to Love, Sex and Relationships* (Abingdon, UK: Routledge, 2012); Justin Hancock and Meg-John Barker, *Enjoy Sex (How, When and If You Want To): A Practical and Inclusive Guide* (London: Icon Books, 2017); and the Meg-John and Justin podcast, https://megjohnandjustin.com/.

6 Jozkowski and Peterson, "College Students."

7 Lois Pineau, "Date Rape: A Feminist Analysis," *Law and Philosophy* 8, no. 2 (1989).

8 Celia Kitzinger and Hannah Frith, "Just Say No? The Use of Conversation Analysis in Developing a Feminist Perspective on Sexual Refusal," *Discourse & Society* 10 (1999).

9 1991년 잉글랜드 웨일스에서 부부간 강간을 범죄로 규정한 판례는 http://www.bailii.org/uk/cases/UKHL/1991/12.html 참고.

10 Meg-John Barker and Justin Hancock, "7 Tips for a Consensual Hook-up," https://megjohnandjustin.com/sex/7-tips-consensual-hook-up/.

11 컴섹스가 등장할 수 있었던 사회적, 물리적 조건에 대한 연구로는 Jamie Hakim, "The Rise of Chemsex: Queering Collective Intimacy in Neoliberal London," *Cultural Studies* (2018) 참고. 컴섹스 등장의 역사에 관한 개괄과 그것이 공중 보건에 미치는 의미에 대해서는 Kane Race, "'Party and Play': Online Hook-Up Devices and the Emergence of PNP Practices among Gay Men," *Sexualities* 18, no. 3 (2015) 참조. 컴섹스에 대한 공중 보건 중심적 조치의 사례는 Hannah McCall, Naomi Adams, and Jamie Willis, "What Is Chemsex and Why Does It Matter?" *British Medical Journal* (2015) 참조. 컴섹스에서 동의 이슈에 접근하는 문제와 관련해서는 *Consent and Chemsex: Information for Gay and Bi*

Men in London, https://www.survivorsuk.org/wp-content/uploads/2016/11/Consent-and-Chemsex-Advice.pdf 참조.

4장

1   일상의 원치 않는 성관계에 관한 연구로는 Laina Y. Bay-Cheng and Rebecca K. Eliseo-Arras, "The Making of Unwanted Sex: Gendered and Neoliberal Norms in College Women's Unwanted Sexual Experiences," *Journal of Sex Research* 45, no. 4 (2008) 참조. 오래된 사이의 원치 않는 성관계에 관한 논의는 Debra Umberson, Mieke Beth Thomeer, and Amy C. Lodge, "Intimacy and Emotion Work in Lesbian, Gay, and Heterosexual Relationships," *Journal of Marriage and Family* 77, no. 2 (2015) 참조.

2   푸코 사상의 입문서로는 Lisa Downing, *The Cambridge Introduction to Michel Foucault* (Cambridge: Cambridge University Press, 2008) 참고.

3   푸코 사상에 대한 페미니즘적 비평으로는 Lois McNay, Foucault and Feminism: Power, Gender and the Self (Cambridge: Polity, 1992) 참조.

4   Susan Bordo, *Unbearable Weight: Feminism, Western Culture,*

and the Body (Berkeley: University of California Press, 1993).

5   Nicola Gavey, *Just Sex?: The Cultural Scaffolding of Rape* (Abingdon, UK: Routledge, 2013).

6   Wendy Hollway, *Subjectivity and Method in Psychology* (London: Sage, 1989).

7   복음주의 교회 내 학대 문제와 관련해서는 Becca Andrews, "Evangelical Purity Culture Taught Me to Rationalize My Sexual Assault," *Mother Jones*, September/October 2018, https://www.motherjones.com/politics/2018/08/evangelical-purity-culture-taught-me-to-rationalize-my-sexual-assault/; Becca Andrews, "As a Teen, Emily Joy Was Abused by a Church Youth Leader. Now She's Leading a Movement to Change Evangelical America," *Mother Jones*, May 25, 2018, https://www.motherjones.com/crime-justice/2018/05/evangelical-church-metoo-movement-abuse/; Morgan Lee, "My Larry Nassar Testimony Went Viral. But There's More to the Gospel Than Forgiveness," *Christianity Today*, January 31, 2018, https://www.christianitytoday.com/ct/2018/january-web-only/rachael-denhollander-larry-nassar-forgiveness-gospel.html 참조.

8   Bay-Cheng and Eliseo-Arras, "The Making of Unwanted

Sex."

9   John H. Gagnon and William Simon, *Sexual Conduct: The Social Sources of Human Sexuality* (London: Hutchinson & Co., 1973).

10   Nicola Gavey and Kathryn McPhillips, "Subject to Romance: Heterosexual Passivity as an Obstacle to Women Initiating Condom Use," *Psychology of Women Quarterly* 23, no. 2 (1999).

11   장애인이 성적 존재로 인식되고 지배적인 성 각본 밖에서 찾을 때 직면하는 여러 장해물에 관한 논의로는 Mika Murstein, *I'm a Queerfeminist Cyborg, That's Okay* (Munster, Germany: Edition Assemblage, 2018); Stephanie Tellier, "Advancing the Discourse: Disability and BDSM," *Sexuality and Disability* 35 (2017); and Narelle Warren, Cameron Redpath, and Peter New, "New Sexual Repertoires: Enhancing Sexual Satisfaction for Men Following Non-Traumatic Spinal Cord Injury," *Sexuality and Disability* 36 (2018) 참조.

12   Tatiana Masters et al., "Sexual Scripts among Young Heterosexually Active Men and Women: Continuity and Change," *Journal of Sex Research* 50, no. 5 (2013).

13 다층적인 소외의 효과(인종-젠더가 중첩하는 유색인 여성 사례 등)는 '교차적'(intersectional) 효과로 알려져 있다. 교차성 이론과 그것이 유색인 여성에 대한 성폭력에 지니는 함의에 대해서는 Kimberle Crenshaw, "Mapping the Margins: Identity Politics, Intersectionality, and Violence against Women of Color," *Stanford Law Review* 43, no. 6 (1991) 참조.

14 AVEN, the Asexuality Visibility and Education Network, https://asexuality.org/.

15 Alex Gabriel, "If Your Sex Ed Doesn't Include Asexuality, You're Going to Have Kids Growing Up Doing Things They Don't Realise They Don't Want to Do" (@AlexGabriel, 2017), https://twitter.com/AlexGabriel/status/883369396399 419392.

16 강박적 성애 개념은 에이드리언 리치가 고안한 '강박적 이성애' 초기 개념을 기반으로 한다. 그녀의 획기적인 에세이에서 리치는 여성을 사랑하는 여성의 존재가 어떻게 삭제되고 무효화되며 일탈로 여겨지는지, 그들에게 어떻게 남성과 원치 않는 성관계를 맺도록 강요하는지 밝혔다. Adrienne Rich, "Compulsory Heterosexuality and Lesbian Existence," *Signs: Journal of Women in Culture and*

Society 5, no. 4 (1980). 장애학 연구자인 로버트 맥루어는 이 개념에 근거해 강박적 비장애성(able-bodiedness) 개념을 만듦으로써 섹슈얼리티 등의 영역에서 어떻게 장애와 퀴어 정체성이 교차하는지 정교하게 다루고 있다. Robert McRuer, "Compulsory Able-Bodiedness and Queer/Disabled Existence," *The Disability Studies Reader* (2nd ed.), ed. Lennard J. Davis, pp. 301~308 (Abingdon, UK: Taylor & Francis, 2006).

17 강박적 성애 개념의 개괄과 발전에 대해서는 Kristina Gupta, "Compulsory Sexuality: Evaluating an Emerging Concept," *Signs: Journal of Women in Culture and Society* 41, no. 1 (2015) 참조. 강박적 성애에 대한 활동가들의 토론에 대해서는 AVEN, https://www.asexuality.org/en/topic/141305-compulsory-sexuality/과 Jo, "Sex Positivity, Compulsory Sexuality, and Intersecting Identities," *A Life Unexamined* (blog), June 27, 2012, https://alifeunexamined.wordpress.com/2012/06/27/sex-positivity-compulsory-sexuality-and-intersecting-identities/ 참조.

18 비만인에 대한 탈성애화 담론의 영향을 다룬 Cat Pause, "Human Nature: On Fat Sexual Identity and Agency," in *Fat Sex: New Directions in Theory and Activism*, eds. Helen Hester and Caroline Walters (Farnham: Ashgate, 2015) 참조.

19 Umberson, Thomeer, and Lodge, "Intimacy and Emotion Work."

20 흑인 여성에 대한 과잉 성애화의 영향에 대해서는 Samhita Mukhopadhyay, "Trial by Media: Black Female Lascivious-ness and the Question of Consent," in *Yes Means Yes: Visions of Female Sexual Power and a World without Rape*, eds. Jaclyn Friedman and Jessica Valenti (Berkeley, CA: Seal Press, 2008) 참조. 양성애자에 대한 과잉 성애화의 영향을 탐구한 것으로는 Surya Monro, *Bisexuality: Identities, Politics, and Theories* (Basingstoke, UK: Palgrave Macmillan, 2015)와 Kate Harrad, ed., *Purple Prose: Bisexuality in Britain* (Portland, OR: Thorntree Press, 2016) 참조. 흑인 남성의 과잉 성애화 관련 역사와 영향을 논의한 것으로는 Akala, Natives: Race and Class in the Ruins of Empire (London: Two Roads, 2018) 참조.

21 Catharine MacKinnon, "Reflections on Sex Equality under Law," *Yale Law Journal* 100, no. 5 (1991).

22 Jennifer Nedelsky, "Reconceiving Autonomy: Sources, Thoughts and Possibilities," *Yale Journal of Law & Feminism* 1 (1989).

5장

1 "Heads or Tails?—hat Young People Are Telling Us about SRE," Sex Education Forum, http://www.sexeducation forum.org.uk/resources/evidence/heads-or-tails-what-young-people-are-telling-us-about-sre.

2 "SRE—he Evidence," Sex Education Forum, http://www.sex educationforum.org.uk/sites/default/files/field/attachment/SRE%20-%20the%20evidence%20-%20March%202015.pdf.

3 "Parents and SRE — Sex Education Forum Evidence Briefing," SexEducation Forum, http://www.sexeducation forum.org.uk/sites/default/files/field/attachment/SRE%20 and%20parents%20-%20evidence%20-%202011.pdf.

4 Marla E. Eisenberg et al., "Parents' Beliefs about Condoms and Oral Contraceptives: Are They Medically Accurate?" *Perspectives on Sexual and Reproductive Health* 36, no. 16 (2004).

5 예를 들어, 노래에 대한 비판으로는 "Why 'Baby It's Cold Outside' Should Be Retired," https://www.youtube.com/watch?v=vOwH8gZ3lTE 참조. 영화 속 스토킹 행태에 대한 페미니즘 비평으로는 Amanda Chatel, "11 Movie Scenes That Taught Us Stalking Is Romantic," Bustle, February 5,

2016, https://www.bustle.com/articles/138402-11-movie-scenes-that-taught-us-stalking-is-romantic 참조.

6   이와 관련한 논의를 모은 것으로는 Catherine Itzin, ed., *Pornography: Women, Violence and Civil Liberties* (Oxford: Oxford University Press, 1992) 참조.

7   포르노그래피에 대한 초기 래디컬 페미니스트 논쟁을 비판하고 경험적 증거를 개관하는 책으로는 Lynne Segal, "Does Pornography Cause Violence? A Search for Evidence," in *Dirty Looks: Women, Pornography, Power*, eds. Pamela Church Gibson and Roma Gibson (London: BFI, 1993) 참조.

8   청소년이 온라인 포르노그래피에 받는 영향을 다루는 캠페인 사례로는 https://www.culturereframed.org/ 참조.

9   Feona Attwood, "Reading Porn: The Paradigm Shift in Pornography Research," *Sexualities* 5, no. 1 (2002).

10 동의에 중점을 두고, 포르노 제작과 표현에서의 윤리를 중점적으로 토론하는 웹사이트와 커뮤니티 사례로는 http://ethical.porn/가 있다.

11 Ingrid Ryberg, "Carnal Fantasizing: Embodied Spectatorship

of Queer, Feminist and Lesbian Pornography," *Porn Studies* 2, no. 2~3 (2015).

12 Rachael Liberman, "'It's a Really Great Tool': Feminist Pornography and the Promotion of Sexual Subjectivity," *Porn Studies* 2, no. 2~3 (2015).

13 Cat Pausé, "Human Nature: On Fat Sexual Identity and Agency," in *Fat Sex: New Directions in Theory and Activism*, eds. Helen Hester and Caroline Walters (Farnham, UK: Ashgate, 2015).

14 퀴어·페미니스트 독립 제작자에 대한 극단적 프르노그래피 법의 영향에 대해서는 Pandora/Blake, "Video Blog about UK Porn Censorship," http://pandorablake.com/blog/2015/1/video-blog-uk-porn-censorship 참조.

15 Gigi Engle, "A Guide to Anal Sex," Teen Vogue, May 16, 2018, https://www.teenvogue.com/story/anal-sex-what-you-need-to-know.

16 Tania Modleski, *Loving with a Vengeance: Mass Produced Fantasies for Women* (London: Routledge, 2008)와 Janice A. Radway, Reading the Romance: Women, Patriarchy, and Popular Literature (Chapel Hill: University of North

Carolina Press, 1984) 참조.

17 로맨스 소설의 재해석과 관련해서는 Pamela Regis, *A Natural History of the Romance Novel* (Philadelphia: University of Pennsylvania Press, 2013)와 Catherine M. Roach, *Happily Ever After. The Romance Story in Popular Culture* (Bloomington: Indiana University Press, 2016) 참조.

18 사회적, 집단적 행동으로서의 로맨스 소설 읽기에 관한 연구로는 Radway, "Reading the Romance"가 있다.

19 로맨스 소설 작가의 관점에 대해서는 Kelly Faircloth, "The Romance Novelist's Guide to Hot Consent," *Jezebel*, February 14, 2018, https://jezebel.com/the-romance-novelists-guide-to-hot-consent-1822991922.

20 Meg-John Barker, Rosalind Gill, and Laura Harvey. *Mediated Intimacy: Sex Advice in Media Culture* (Cambridge: Polity, 2018).

21 Markham Heid, "Is Blue Balls Real — How to Cure Blue Balls," in *Men's Health*, May 7, 2018, https://www.menshealth.com/sex-women/a19534594/science-blue-balls/.

22 백인 비평가의 글은 Casey Cipriani, "'Moana's' Lack of a Love Interest Is Both Revolutionary & Totally No Big

Deal," *Bustle*, November 23, 2016, https://www.bustle.com/articles/196517-moanas-lack-of-a-love-interest-is-both-revolutionary-totally-no-big-deal 참조. 유색인 비평가의 글로는 Celeste Noelani and Jeanne, "Moana," *Strange Horizons*, January 30, 2017, http://strangehorizons.com/non-fiction/reviews/moana/와 Jeanne, "Can we stop this bullshit where we assume, without nuanced analysis, that a story with no romance is more feminist than Romance? It's not." (@fangirlJeanne, 2016), https://twitter.com/fangirlJeanne/status/807625593344770052 참조.

23   Patricia Hill Collins, *Black Feminist Thought: Knowledge, Consciousness, and the Politics of Empowerment* (London: Routledge, 1990).

6장

1   Wendy Hollway, *Subjectivity and Method in Psychology* (London: Sage, 1989).

2   Philly's Pissed, *Learning Good Consent*, https://www.phillyspissed.net/sites/default/files/learning%20good%20consent2.pdf 참조.

3   Michele Burman and Oona Brooks-Hay, "Victims Are More Willing to Report Rape, So Why Are Conviction Rates Still Woeful?," *The Conversation*, March 8, 2018, https://theconversation.com/victims-are-more-willing-to-report-rape-so-why-are-conviction-rates-still-woeful-92968.

4   Carol Smart, *Feminism and the Power of Law* (London: Routledge, 1989).

5   Angela Y. Davis, "Rape, Racism and the Capitalist Setting," *The Black Scholar* 9, no. 7 (1978).

6   *What about the Rapists? Anarchist Approaches to Crime and Justice*, http://dysophia.org.uk/wp-content/uploads/2014/09/Dys5-WhatAboutTheRapistsWeb2.pdf 참조.

7   Philly's Pissed, *Learning Good Consent*, https://www.phillyspissed.net/sites/default/files/learning%20good%20consent2.pdf.

8   Meg-John Barker, Rosalind Gill, and Laura Harvey, *Mediated Intimacy: Sex Advice in Media Culture* (Cambridge: Polity, 2018).

9   Meg-John Barker, "Consent Is a Grey Area? A Comparison of Understandings of Consent in 50 Shades of Grey and on the BDSM Blogosphere," *Sexualities* 16, no. 8 (2013).

10 Cliff Pervocracy, "The Scene Is Not Safe," https://pervocracy. blogspot.com/2012/04/scene-is-not-safe.html; Thomas, "There's a War On Part 3: A Fungus Among Us," Yes Means Yes, https://yesmeansyesblog.wordpress.com/2012/04/20/ theres-a-war-on-part-3-a-fungus-among-us/.

11 Pervocracy, "The Scene."

12 Cliff Pervocracy's series of commentary posts, https:// pervocracy.blogspot.com/p/fifty-shades-of-grey-index.html.

13 커뮤니티 자체적으로 생성한 팬픽션 커뮤니티에 대한 정보 데이터와 관련해서는 The AO3 Census, http://centru mlumina.tumblr.com/post/63208278796/ao3-census-masterpost 참조

14 '우리만의 아카이브'(Archive of Our Own. 팬이 소유하고 운영하는 이 웹사이트에는 400만 개의 팬 픽션 작품이 올라와 있다)에 게재된 팬 픽션 스토리 가운데 3분의 1이 신중한(mature) 또는 명백한(explicit)에 관한 것이다. 절반은 동성 관계를 다루며, 그중 대다수(전체의 45퍼센트)가 남성 간 관계를 다룬다. "Popularity, Word Count and Ratings on AO3," http://destinationtoast.tumblr.

com/post/65586599242/popularity-word-count-and-ratings-on-ao3-faq와 "Because I was curious about the breakdown of fic on AO3," http://destinationtoast.tumblr.com/post/50201718171/because-i-was-curious-about-the-breakdown-of 참조.

15 Rebecca Tushnet, "Copyright Law, Fan Practices, and the Rights of the Author" in *Fandom: Identities and Communities in a Mediated World*, eds. Jonathan Gray, C. Lee Harrington, and Cornel Sandvoss (New York: New York University Press, 2007), pp. 60~71.

16 팬 픽션이 권력 격차를 어떻게 사용하는지에 대한 구체적인 탐색을 한 연구로는 Milena Popova, "Dogfuck Rape world': Omegaverse Fanfiction as a Critical Tool in Analyzing the Impact of Social Power Structures on Intimate Relationships and Sexual Consent," *Porn Studies* (2018)와 "Rewriting the Romance: Emotion Work and Consent in Arranged Marriage Fanfiction," *Journal of Popular Romance Studies* (2018) 참조.

7장

1 버크의 말을 직접 확인하고 싶다면 https://youtu.be/ZF55I

tXWjck 와 https://metoomvmt.org/ 참조.

2   Elizabeth Wagmeister, "How Me Too Founder Tarana Burke Wants to Shift the Movement's Narrative," *Variety*, April 10, 2018, https://variety.com/2018/biz/news/tarana-burke-me-too-founder-sexual-violence-1202748012/; Tarana Burke, "I've said repeatedly that the #metooMVMT is for all of us, including these brave young men who are now coming forward." (@TaranaBurke, 2018), https://twitter.com/Tarana Burke/status/1031498206260150272.

3   Amnesty International, "Sex Without Consent Is Rape. So Why Do Only Nine European Countries Recognize This?" https://www.amnesty.org/en/latest/campaigns/2018/04/eu-sex-without-consent-is-rape/ (2018).

4   Ed O'Loughlin, "Acquittal in Irish Rugby Case Deepens Debate on Sexual Consent," *New York Times*, April 15, 2018, https://www.nytimes.com/2018/04/15/world/europe/ireland-rugby-paddy-jackson-stuart-olding.html.

5   Jennifer Temkin, Jacqueline M. Gray, and Jastine Barrett, "Different Functions of Rape Myth Use in Court: Findings from a Trial Observation Study," *Feminist Criminology* 13, no. 2 (2016).

6   "What Is the Rape Kit Backlog?," http://www.endtheback
    log.org/backlog/what-rape-kit-backlog.

7   Sameena Mulla, *The Violence of Care: Rape Victims, Forensic
    Nurses, and Sexual Assault Intervention* (New York: New York
    University Press, 2014).

8   Galop, "Barriers Faced by LGBT People in Accessing Non-
    LGBT Domestic Violence Support Services," http://www.
    galop.org.uk/wp-content/uploads/For-Service-Providers-
    Barriers.pdf; Galop, "Myths and Stereotypes about Violence
    and Abuse in Same-Sex Relationships," http://www.galop.
    org.uk/wp-content/uploads/For-Service-Providers-Myths.
    pdf.

9   Elizabeth Kennedy, "Victim Race and Rape," https://www.
    brandeis.edu/projects/fse/slavery/united-states/slav-us-
    articles/art-kennedy.pdf.

10 Survivor of Color Prevalence Rates, http://endrapeoncampus.
    org/new-page-3/.

11 "What Do We Know about the Ethnicity of People Involved
    in Sexual Offences Against Children?" https://fullfact.org/
    crime/what-do-we-know-about-ethnicity-people-involved-

sexual-offences-against-children/.

12 아동의 신체 자율권 교육과 관련한 자료로는 "Body Auto
nomy, Boundaries and Consent," Peaceful Parent, https://
www.peacefulparent.com/my-body-belongs-to-me/; "Five
Ways to Honour Your Child's Body Autonomy," Lulastic
and the Hippyshake, http://lulastic.co.uk/parenting/five-
ways-honour-childs-body-autonomy/; Akilah S. Richards, "3
Mistakes Parents Make When Teaching Consent and Bodily
Autonomy—And How to Fix Them," *Everyday Feminism*,
April 7, 2016, https://everydayfeminism.com/2016/04/
parents-kids-bodily-autonomy/; "Respecting a Child's Right
to Say No & Make Choices About Their Own Body," *The
Pragmatic Parent*, https://www.thepragmatic parent.com/
body-autonomy-and-right-to-say-no/ 참조.

13 Nicolaus Mills, "How Antioch College Got Rape Right 20
Years Ago," *The Daily Beast*, December 10, 2014, https://
www.thedailybeast.com/how-antioch-college-got-rape-right-
20-years-ago.

14 전체 대본을 확인하려면 http://snltranscripts.jt.org/93/93bd
aterape.phtml 참조.

15 The Young Turks, "Rush Limbaugh: Sexual Consent Is

Overrated," https://www.youtube.com/watch?v=QGsAXF
3uwr8.

16   Geraldo Rivera, "Sad about @MLauer great guy, highly
skilled & empathetic w guests & a real gentleman to my
family & me." (@GeraldoRivera, 2017), https://twitter.com/
GeraldoRivera/status/935976749766205448.

17   Claire Cain Miller, "Unintended Consequences of Sexual
Harassment Scandals," *New York Times*, October 9, 2017,
https://www.nytimes.com/2017/10/09/upshot/as-sexual-
harassment-scandals-spook-men-it-can-backfire-for-
women.html. 일명 '펜스 룰' 현상이 페미니스트 행동주의에
대한 백래시의 일부라기보다는 그것이 문제의 본질을 흐리
고 강간 문화를 재현하는 데 도움을 주는 '의도되지 않은
결과'를 낳았다고 볼 수 있다.

18   LGBT 운동 진영에서 인사를 등용하는 문제나 호모내셔
널리즘(homonationalism) 개념의 발전과 관련해서는 Jasbir
Puar, *Terrorist Assemblages: Homonationalism in Queer Times*
(Durham, NC: Duke University Press, 2017) 참조.

19   이 이슈에 대해 부분적으로 목소리를 내온 Masha Gessen,
"When Does a Watershed Become a Sex Panic?" *New Yorker*,
November 14, 2017, https://www.newyorker.com/news/our-

columnists/when-does-a-watershed-become-a-sex-panic; "Sex, Consent, and the Dangers of 'Misplaced Scale'," *New Yorker*, November 27, 2017, https://www.newyorker.com/ news/our-columnists/sex-consent-dangers-of-misplaced-scale 참조.

찾아보기

밀레나 포포바(Milena Popova) 지음

작가, 연구자, 활동가, 상담가. 미디어와 대중문화 속 성적 동의, LGBT 문제, 디지털 권리에 관심이 많다. 팬 픽션에서 성적 동의를 다루는 문제와 성 소수자나 비만인 등 비규범적 신체가 대중문화에서 재현되고 소비되는 방식에 대해 여러 편의 학술 논문과 칼럼을 기고하며 왕성하게 활동하고 있다.

홈페이지 milenapopova.eu

트위터 @elmyra

함현주 옮김

숙명여자대학교에서 영어영문학과 불어불문학을 공부하고 상명대학교 대학원 뉴미디어음악학과에서 석사 과정을 수료했다. 유엔제이 소속 전문 번역가로 활동하며 좋은 외국 도서를 찾아 한국에 소개하는 일도 하고 있다. 옮긴 책으로는 『소년을 위한 그림 동화』, 『엄마 없이 보낸 밤』 등이 있다.

지금 강조해야 할 것
성적 동의

밀레나 포포바 지음
함현주 옮김

초판 1쇄 인쇄 2020년 1월 10일
초판 1쇄 발행 2020년 1월 17일

ISBN 979-11-86000-96-0 (03330)

발행처	도서출판 마티
출판등록	2005년 4월 13일
등록번호	제2005-22호
발행인	정희경
편집장	박정현
편집	서성진, 조은
마케팅	최정이
디자인	오새날

주소	서울시 마포구 잔다리로 127-1, 레이즈빌딩 8층 (03997)
전화	02. 333. 3110
팩스	02. 333. 3169
이메일	matibook@naver.com
홈페이지	matibooks.com
인스타그램	matibooks
트위터	twitter.com/matibook
페이스북	facebook.com/matibooks